大学入試

英語長文
ハイパー
トレーニング

JN000293

音声オンライン提供版

東進ハイスクール・東進衛星予備校講師
安河内哲也

レベル
1

超基礎編

問題編

英語長文
ハイパー
トレーニング

レベル
1

超基礎編
問題編

Contents

　ある文章との出会いは, 人と人との出会い同様, 皆さんの心や人生に大きな影響を与えるものですね。これから皆さんが出会う12編の文章も, これからの英語人生の基礎知識として, 皆さんと長くつきあっていくことになるのだと思います。

　これらの英語の文章を, 問題を解いて答え合わせをしただけで終わりにするような勉強法では, 英語の実力は決して身につきません。でたらめにやって量をこなすのではなく, 1つ1つの文章を噛みしめ, 味わい, 何度も繰り返し, 「本当に」マスターすることが, 真の読解の勉強です。

　この冊子には, 皆さんが読解力を身につけるのに最適な内容の超基礎レベルの12編の英文が収録されています。12もの英文を「きちんと」学ぶのは, 皆さんが思っているよりもはるかに大変なことだとは思いますが, 皆さんの一生ものの読解力の基礎を作っていくこれらの英文を, ていねいに, 大切に, 楽しんで勉強してくださいね。

UNIT 1

出題データ

● ワード数：263 words

● 難易度：超基礎

解答と解説：本冊 p.20〜29

● 目標解答時間：20分

次の英文を読み，後の問いに答えなさい。

English is a language which is used by a lot of people all over the world. It is spoken in England, in Canada, in the U.S.A., in Australia, and in New Zealand. It is also spoken in other parts of the world. Only Chinese is spoken by more people.

5　In some countries many different languages are spoken. In one country people have ① over ten languages. They speak one language in one part of the country, and in another part of the country they speak another. When two people from different parts of the country meet, they cannot understand each other. They don't know both of
10 the languages. (　1　) can people with different native languages understand each other? In such a case English is used.

In another country people buy from (　2　) countries and sell to (　3　) countries, so they believe (A)[ア. important　イ. them ウ. for　エ. learn　オ. of　カ. it　キ. is　ク. English　ケ.
15 to]. Students ② must learn two languages, English and ③ their own language, and in a lot of schools almost all the lessons are given in English.

Scientists often meet to talk (　4　) things they are studying. They come (　5　) different countries. But most of ④ them can read
20 and write in English, so English is very often used (　6　) a

2

common language.

English is now the language (　7　) many of the world's people. There are different ways (　8　) speaking and pronouncing English in different parts of the world. Sometimes even Americans cannot
25　understand British people. (B) English is different from place to place and changes little by little. If you think about your own language, you can understand this.

■ 設問 ■

1．①と②のそれぞれの語を置き換えるのに，最も意味の近い語句を次の中から選び，記号で答えなさい。
　ア．has to　　　イ．have to　　ウ．more than
　エ．are able to　オ．lots of

2．(1)に入る語を次の中から選び，記号で答えなさい。
　ア．Who　　イ．What　　ウ．How　　エ．When

3．(2)，(3)に入る語を次の中から選び，記号で答えなさい。
　ア．one　　イ．some　　ウ．another　　エ．other

4．(4)～(8)に入る前置詞を次の中から選び，記号で答えなさい。ただし，同じ語を何度使用してもかまわない。
　ア．about　　イ．as　　ウ．through　　エ．from
　オ．of　　　カ．by

5．(A)の［　］内の語群を用いて英文を完成するとき，1語余分な語がある。その語を選び，記号で答えなさい。

6．③は具体的に何を指しますか。次の中から選び，記号で答えなさい。
　ア．母語　　イ．外国語　　ウ．中国語　　エ．英語

7．④は何を指しますか。次の中から選び，記号で答えなさい。
　　ア．students　　イ．scientists　　ウ．things　　エ．countries

8．(B)の文が意味する内容を次の中から１つ選び，記号で答えなさい。
　　ア．英語は場所が変わっても少ししか変わらない。
　　イ．英語は世界のいろいろな場所で少しは話される。
　　ウ．英語はほとんど変化しないで，いろいろな場所で話されている。
　　エ．英語は話される場所によって異なり，少しずつ変化する。

9．次の(1)～(5)の各文で本文の内容と一致するものにはT，一致しないものに
　　はFと書きなさい。
　⑴　English is used in many parts of the world.
　⑵　Many different languages are spoken in every country.
　⑶　Almost all the lessons are given in English in a lot of schools in
　　　one country.
　⑷　When two people with different native languages meet, they
　　　don't even try to understand each other.
　⑸　Americans can always understand British English.

■ 解答欄 ■

1	①		②		2	
3	(2)		(3)			
4	(4)	(5)	(6)		(7)	(8)
5		6		7		8
9	(1)		(2)		(3)	
	(4)		(5)			

UNIT 2

出題データ

解答と解説：本冊 p.30〜41

●ワード数：355 words

●難易度：超基礎

●目標解答時間：25分

次の英文を読み，後の問いに答えなさい。

The United States had many famous Presidents. People from other countries know the names Washington, Lincoln, and Kennedy. But there are many Presidents (A). Here are some of them.

John Adams was the second President after George Washington. (a) He believed that only people who were "well-born" could be leaders. He thought that leaders had to have a lot of money and a good education. But there were many people who did not think so. And they began to think that a leader should come from "the people." Adams was the first President to live in the White House. It wasn't finished, so the President and his wife had to hang their laundry in the East Room. Today Presidents have important parties in this room. Adams's son, John Quincy Adams, also became President, the country's sixth.

President Jackson had very ☐1☐ education. In fact, he could not read and write well. When important papers came to Jackson, he asked someone about it. If he thought a paper was all right, he wanted to write "all correct" on it. But he didn't know how to spell, so he wrote "ol korekt." After a while, he wrote it as "OK."

There is ☐2☐ story about this word. Van Buren, the 8th President, was born in Kinderhook, New York. Van Buren's friends

5

made a club (B). They called the club the Old Kinderhook Club, and anyone who worked for Van Buren was called "OK." We don't know which is true, but [3] stories are interesting.

The 21st President was Chester Alan Arthur. He also worked
25 hard to make his country a better place. Arthur was (b) [1. to   2. was   3. find   4. that   5. hard   6. it   7. honest   8. so] anything to complain about. Of course, people always find something. People complained that he made the White House too modern.

30   William Taft became the twenty-seventh President by winning easily in 1908. Taft was the largest man (C). He once said that the White House was "the lonesomest place in the world." He was a quiet man and a great leader.

■設問■

1．(A)～(C)に入る最も適当なものをそれぞれ次の中から選びなさい。
　① that became a famous President
　② who are not well-known in other parts of the world
　③ ever to be President
　④ who are so famous that every American knows them
　⑤ to help him to become President

2．空欄（[1]～[3]）に入る語をそれぞれ次の①～⑤の中から選びなさい。
　① little　　② few　　③ other　　④ another　　⑤ both

3．下線部(a)を和訳しなさい。

4．(b)の〔　　　〕の中の語を意味が通じるように並べ換えなさい。その答として正しいものを①〜④の中から選びなさい。

① 8 — 7 — 1 — 3 — 6 — 2 — 5 — 4

② 6 — 2 — 7 — 1 — 3 — 4 — 8 — 5

③ 6 — 2 — 5 — 1 — 3 — 4 — 8 — 7

④ 8 — 7 — 4 — 6 — 2 — 5 — 1 — 3

5．次の文で本文の内容に一致するものはＴ，そうでないものはＦと書きなさい。

① George Washington did not live in the White House.

② George Washington thought that Presidents had to be rich.

③ The East Room was first used by John Adams for important parties.

④ There were four Presidents between John Adams and John Quincy Adams.

⑤ Van Buren was not able to write English well.

⑥ No other President was bigger than William Taft.

■ 解答欄 ■

1	(A)	(B)	(C)
2	①1	②2	③3
3			
4			
5	①	②	③
	④	⑤	⑥

UNIT 3

出題データ

解答と解説：本冊 p.42～53

● ワード数：326 words

● 難易度：基礎

● 目標解答時間：20分

次の英文を読み，後の問いに答えなさい。

Human beings need food, water, and air, which are necessary for survival. People cannot live without food to eat and oxygen to breathe. When it is cold, they need heat, clothes, and places to live. The (1) environment provides these needs. People use the land and
5　oceans for food. The atmosphere, which is the air around the earth, contains oxygen. Energy for heat comes from petroleum, trees, or the sun.

Hundreds of years ago, the environment supplied food, heat, and housing for everyone. Population was low, and there was little
10　industry. There was enough good land, fresh water, and clean air. However, in the eighteenth century, the Industrial Revolution began in England. The Western world changed from an agricultural world to an industrial world. (2) Many people (　　　). Industry grew very quickly.

15　(3) Since 1850, both the population and industry have increased very rapidly. People need more land, more water, and more resources daily. Industry is changing the environment quickly. Some of these changes are harmful because they disturb the balance of nature. Pollution is a harmful change that disturbs the environment.

20　There are several kinds of pollution: air, water, and land.

Industry causes air pollution. Factories ⁽⁴⁾<u>release</u> many chemicals and gases into the air. Gases from cars also cause air pollution, especially in cities. Chemicals in the air cause ⁽⁵⁾<u>smog</u> in many large cities such as Tokyo and Los Angeles. It is sometimes

25 dangerous for people to breathe the air in those cities. Chemicals also ⁽⁶⁾(　　) land and water pollution. Factories use many chemicals that ⁽⁷⁾(　　) into the land and water nearby. Many different chemicals ⁽⁸⁾(　　) the water, so people cannot use it. The polluted water kills many plants and animals. Life on earth

30 depends on the environment. There must be enough oxygen in the air. There must be clean water and enough food. Human beings, as well as plants and animals, need these things to ⁽⁹⁾(　　).

■ 設問 ■

1．(1)の environment を説明するものとして正しいものをイ，ロ，ハの中から選び，記号で答えなさい。

　　イ．something that someone owns

　　ロ．a view across an area of land, including forests, fields, etc.

　　ハ．the land, water, and air in which people, animals, and plants live

2．下線部(2)が「多くの人が働くために農村から都市に移ってきた」の意味の英文になるように，下の語を使って（　　）内に入れなさい。

　　(moved,　cities,　farms,　order,　from,　to,　to,　work,　in)

3．(3)の下線部を日本語に訳しなさい。

4．(4)の release を説明するものとして正しいものをイ，ロ，ハの中から選び，記号で答えなさい。

　　イ．to let something be free

　　ロ．to throw something

　　ハ．to pick up something

5．(5)の smog を説明するものとして正しいものをイ，ロ，ハの中から選び，
記号で答えなさい。

- イ．a light cloud low over the ground that makes it difficult for you
  to see very far
- ロ．unhealthy air in cities that is a mixture of smoke, gases,
  chemicals, etc.
- ハ．thick cloudy air that is difficult for you to see through

6．(6)，(7)，(8)，(9)に下の語群の中から適当なものを選んで入れなさい。

(pollute,　　cause,　　survive,　　go)

■ 解答欄 ■

1		
2		
3		

4		5	

6	(6)	(7)	(8)	(9)

出題データ

●ワード数：332 words
●難易度：超基礎

解答と解説：本冊 p.54〜67

●目標解答時間：25分

次の英文を読み，後の問いに答えなさい。

I first heard about Mother Teresa in high school. (1) We watched a video about her work in India and all over the world. Did you know that she was born in a country called Yugoslavia in Europe? After teaching at a girls' school for 16 years in Calcutta, one day
5　God spoke to her. God told her to serve the poorest people in the world. After that day, she worked very hard to help poor people.

(2) I was so moved by her kind heart to help others and endless love for every person, that I, too, wanted to try the kind of work that she was doing. So with two friends (3) I flew to Calcutta.

10　I was asked to work in a home for sick people who did not have enough money to pay for a hospital. But there was one problem: volunteers come and go so often (4) that they can't really learn a certain job or become close friends with the people. Some people come for a week, others for about six months. So the
15　Catholic sisters working there would not tell us what to do. We had to find work to do by ourselves. I helped to wash clothes and sheets, served lunch, fed the people who were too sick to feed themselves, and tried to make them happier. But I don't think that I was helping very much.

20　Then suddenly I thought that I was not there because I wanted

to help. But I was there to learn about and experience a different culture. I was there just to make myself feel better. I was helping myself (5) <u>more than anyone else</u>. Then I thought it was not good to try to help them. Maybe the sick people don't want your help. I
25 thought that it's better to work together with them. Maybe (6) <u>they</u> can teach you something, too.

Volunteering is a great experience, but you should understand that the people you are helping can teach you something, too.

■ 設問 ■

1. 下線部(1)の和訳として最もふさわしいものを1つ選び，番号をマークしなさい。
   ① 私たちはインドで，そして世界中で彼女の労働についてビデオを見た。
   ② 私たちは彼女の仕事をインド，および世界中でビデオで監視した。
   ③ 私たちは彼女の仕事ぶりをインドで，そして世界中でビデオに撮って見た。
   ④ 私たちはインド，また世界中で彼女の果たした仕事についてのビデオを見た。
   ⑤ 私たちは彼女のインドでの仕事についてのビデオを見て，世界中に広めた。

2. 下線部(2)の和訳として最もふさわしいものを1つ選び，番号をマークしなさい。
   ① 私は他人を助けるという彼女の親切な気持ちと終わることのない愛に感動し，すべての人と私も彼女のしている仕事をしてみたいと思った。
   ② 私は他人やすべての人への終わることのない愛を助けるという彼女の親切な気持ちに非常に感動し，私も彼女のしている種類の仕事をしてみたいと思った。
   ③ 私は他人を助けるという彼女の親切な気持ちとすべての人に対する終わることのない愛に非常に感動したので，私も彼女のしているような仕事をしてみたいと思った。
   ④ 私は他人を助けるという彼女の親切な気持ちと私もこの種の仕事をやってみたいというすべての人への愛情に感動して，彼女は活動を続けた。

⑤ 私は他人を助けるという彼女の親切な気持ちに非常に感動したので，すべ
ての人への愛と私自身も彼女のしている種類の仕事をしてみたいと思った。

3．下線部(3)に書き換えられないものを 1 つ選び，番号をマークしなさい。
  ① I traveled to Calcutta by plane.
  ② I went to Calcutta by air.
  ③ I got on a plane and went to Calcutta.
  ④ I went to Calcutta on a plane.
  ⑤ I used a plane to Calcutta by sky.

4．下線部(4)の that と同じ用法を含む文を 1 つ選び，番号をマークしなさい。
  ① It was such a wonderful movie that I saw it five times.
  ② I know that you are my friend.
  ③ He's the man that lives next door to us.
  ④ She is very glad that you are able to come.
  ⑤ Talk louder so that I may hear you.

5．下線部(5)を書き換えるとき，最もふさわしいものを 1 つ選び，番号をマー
クしなさい。
  ① more than anyone did   ② more than any other person
  ③ more than anybody else was ④ better than anybody
  ⑤ better than anything else

6．下線部(6) they は何を指しますか。最もふさわしいものを 1 つ選び，番号を
マークしなさい。
  ① Catholic sisters   ② the sick people
  ③ helping other people   ④ volunteers
  ⑤ close friends

7．本文の内容と一致しているものを 1 つ選び，番号をマークしなさい。
  ① 筆者はマザー・テレサと同じような仕事をしたくてカルカッタまで友人た
ちと行ったが，仕事も何をしていいのか教えてもらえず，すべて順調とい
うわけではなかった。

13

② 筆者は 16 年間女子校で教えてからマザー・テレサのもとに行って仕事を始めたが、問題が 1 つあった。

③ 筆者はマザー・テレサと同じような仕事をしにカルカッタまで行ったが、病院代も払えない病人をかかえていた家族の家に住み込んで働くように頼まれた。

④ 筆者はマザー・テレサと同じような仕事をするためにカルカッタまで単独で行ったが、病院代もない家庭で働くように頼まれた。

⑤ 筆者はマザー・テレサに大いに共鳴していて、同じような仕事をしにカルカッタまで行ったところ、どの家で働きたいか尋ねられた。

8．本文の内容と一致しているものを 1 つ選び、番号をマークしなさい。

① 筆者はボランティアとして、インドで恵まれない子どもたちの世話をした。

② マザー・テレサは旧ユーゴスラビアで 16 年間、先生をしていた。

③ ボランティアの人たちは手伝う期間が一定ではないので、まとまった仕事を覚えるのが難しい。

④ 筆者は、ボランティア活動は自分にとってたいした手助けにはならないと思っている。

⑤ カトリックのシスターは仕事内容をいろいろ教えてくれた。

9．本文の内容と一致しているものを 1 つ選び、番号をマークしなさい。

① I didn't know about Mother Teresa until I went to high school.

② Every volunteer worked so hard that they knew what to do very well.

③ The volunteers came and stayed with Mother Teresa for a long time.

④ I worked so hard that I am sure that I was helping them very much.

⑤ Volunteering is something that you should do because it helps society.

10. 次の英問の答えとして最もふさわしいものを1つ選び，番号をマークしなさい。

What is the most important point about what you have just read?

① Mother Teresa is a wonderful woman, and we have to help sick people like her.

② Volunteering is wonderful, but you must not forget that you can also get something from helping others.

③ We should know there are people who cannot go to see the doctor, and help them.

④ We should do volunteer work not only for the sick people but for the whole world.

⑤ We can learn a lot by doing volunteer work, so we have to do it as soon as possible.

■ 解答欄 ■

1	①	②	③	④	⑤	6	①	②	③	④	⑤
2	①	②	③	④	⑤	7	①	②	③	④	⑤
3	①	②	③	④	⑤	8	①	②	③	④	⑤
4	①	②	③	④	⑤	9	①	②	③	④	⑤
5	①	②	③	④	⑤	10	①	②	③	④	⑤

UNIT 5

出題データ
- ●ワード数：354 words
- ●難易度：超基礎
- ●目標解答時間：20分

次の英文を読み，後の問いに答えなさい。

It was a hot summer day in Chicago. The Kemper family decided it was a good day to go to the Brookfield Zoo. Janet and Kevin Kemper had two children: Thomas, 3, and Sally, 6 months. Thomas loved going to the zoo. He liked watching all the animals,
5 but he especially loved the gorillas.

The Kempers went straight to *the gorilla exhibit. There were six adult gorillas and a three-month-old baby gorilla. In the Brookfield Zoo, the animals are not in cages. They are in large areas dug out of the ground. These areas have fences around
10 (1) them so the animals cannot get out and people cannot fall in.

But three-year-old boys (A). While the Kempers were watching the gorillas, little Sally started to cry. Kevin took her from Janet, and Janet looked in her bag for a bottle of juice. In those few seconds, Thomas climbed up the fence.

15 A woman saw him and shouted, "Stop him!" A tall man reached up to get him, but it was too (B). Thomas fell down the other side of the fence. He fell 18 feet onto the hard concrete floor. (2) He lay very still, with blood on his head. Janet and Kevin shouted for (C). People crowded around the fence, and someone ran to get
20 a zoo worker.

16

But (D) the zoo worker arrived, a gorilla went over to Thomas. It was Binti Jua, an eight-year-old mother gorilla. She had her baby gorilla on her back. With one "arm" she picked up the little boy. She carried him carefully over to a door, walking on
25 three legs. There she put Thomas down so a zoo worker could get him.

Janet and Kevin ran to the door, too. Thomas was badly hurt and had to go to the hospital, but after a few days he was better. The story was on the evening news in Chicago. Some people
30 cheered and others cried when they heard it. But many of them thought about that mother gorilla and asked themselves, "What is she doing in a zoo? What is the difference between a gorilla and me?"

*[注] the gorilla exhibit　ゴリラ舎

■ 設問 ■

1. (A)〜(D)に入れるのに最も適当なものをそれぞれ①〜④の中から１つ選んで
マークしなさい。

(A)　① like to take care of animals
　　　② cry when they see the gorillas
　　　③ are good climbers
　　　④ are interested in watching the animals

(B)　① early　　② fast　　③ heavy　　④ late
(C)　① cry　　② help　　③ surprise　　④ the gorillas
(D)　① before　② though　③ if　　④ until

17

2．下線部(1)が指すものを①～④の中から１つ選んでマークしなさい。

① the animals　② these areas　③ cages　　④ people

3．下線部(2)の意味に最も近いものを①～④の中から１つ選んでマークしなさい。

① did not move　　　　　② was hurt very badly
③ cried out　　　　　　④ was still very sad

4．本文の内容と一致するものを①～⑥の中から２つ選んでマークしなさい。

① The Kemper family went straight to the gorilla exhibit when they arrived at the zoo because all of them liked the gorillas best.

② In the Brookfield Zoo, the animals are not in cages, so people can touch them.

③ While his parents were taking care of little Sally, Thomas began to climb up the fence.

④ No one noticed that Thomas was climbing up the fence until he fell down the other side.

⑤ An eight-year-old mother gorilla picked up Thomas and put him on her back and carried him to a zoo worker.

⑥ When people heard the story, many of them wondered what the difference was between them and the mother gorilla.

■ 解答欄 ■

1	(A)	①	②	③	④	2	①	②	③	④		
	(B)	①	②	③	④	3	①	②	③	④		
	(C)	①	②	③	④	4	①	②	③	④	⑤	⑥
	(D)	①	②	③	④							

UNIT 6

出題データ

解答と解説：本冊 p.80〜93

● ワード数：354 words

● 難易度：基礎

● 目標解答時間：25分

次の英文を読み，後の問いに答えなさい。

　　The telephone, television, radio and telegraph all help people communicate (1) (　　　) each other. Because of these devices, ideas, and news of events spread quickly all over the world. For example, within seconds, people can know the results of an election in Japan
5 or Argentina. An international soccer match comes (2) (　　　) the home of everyone with a television set.

　　News of (3) (　　　) disasters as an earthquake and a flood can bring help from distant countries. Within hours, help is on the way.

　　How has this speed of communication changed the world? To
10 many people the world has become smaller. Two hundred years ago, communication between the continents took a long time. All news was carried on ships that took weeks or even months to cross the oceans. In the seventeenth and eighteenth centuries, it took six weeks for news from Europe to reach the Americas. This
15 (4) (　　　) influenced people's actions. For example, one battle or fight in the War of 1812 between England and the United States (5) could have been avoided.

　　A peace agreement had already been signed. Peace was made in England, but the news of peace took six weeks to reach America.
20 During this six weeks, the large and serious Battle of New Orleans

was fought. Many people lost their lives after the peace treaty had been signed. They would not have died if news (6) ( ) faster.

The spread of communication means that all people of the world have a. new responsibility. People in different countries must try
25 harder to understand each other. An example is that people with different religious beliefs must try to understand each other's beliefs and values even if they do not accept them. Sometimes their cultures are quite different. (7) What one group considers a normal part of life is strange to another culture.

30 In some cases, a normal part of one culture might be bad or impolite to (8) ( ). This kind of difference can cause misunderstanding.

(9) People must learn not to judge others, but to accept them as they are. Then understanding between cultures can be better.
35 Misunderstandings can be avoided.

■ 設問 ■

1. 下線部(1)の (　　) 内に入れる語として適当なものを，下の①～④の中から 1 つ選んで，番号をマークしなさい。
   ① with 　　② by 　　③ to 　　④ oneself

2. 下線部(2)の (　　) 内に入れる語として適当なものを，下の①～④の中から 1 つ選んで，番号をマークしなさい。
   ① down 　　② into 　　③ back 　　④ up

3. 下線部(3)の (　　) 内に入れる語として適当なものを，下の①～④の中から 1 つ選んで，番号をマークしなさい。
   ① such 　　② so 　　③ as 　　④ just

4．下線部(4)の（　　）内に入れる語(句)として適当なものを，下の①〜④の中から１つ選んで，番号をマークしなさい。

① time difference　　　　　　② news

③ continent　　　　　　　　④ communication

5．下線部(5)の「帰結」の形に対して伏せられた条件を補う場合，適当なものを下の①〜④の中から１つ選んで，番号をマークしなさい。

① if the people had not known the result of an election

② if the news had reached America earlier

③ if the speed of communication had not changed

④ if they had not accepted them

6．下線部(6)の（　　）内に入れる語(句)として適当なものを，下の①〜④の中から１つ選んで，番号をマークしなさい。

① are coming　　　② come　　　③ had come　　　④ came

7．下線部(7)の what と同じ使い方をしているものを，下の①〜④の中から１つ選んで，番号をマークしなさい。

① I don't know what to do.　　　② What are you saying?

③ What did you go to town for?　④ What he said was not true.

8．下線部(8)の（　　）内に入れる語(句)として適当なものを，下の①〜④の中から１つ選んで，番号をマークしなさい。

① each people　　　　　　　② other people

③ another people　　　　　　④ the another people

9．下線部(9)の和訳として適当なものを，下の①〜④の中から１つ選んで，番号をマークしなさい。

① 人々は他人を判断するのではなく，他人をあるがままに受け入れることを学ばなければならない。

② 人々は他人に審判を下してはならない。また他人を受け入れてもならないことを学ばなければならない。

③ ある国民は他国民を非難してはならない。他国民のよいところを受け入れることを学ばなければならない。

④ 国民は他人を批評することを学ぶべきではなく，率直に他人に服すべきである。

10. 本文の内容に一致しないものを，下の①〜④の中から 1 つ選んで，番号をマークしなさい。

① 多くの人々にとって，世界は以前より小さくなった。

② 地震や洪水のような災害のニュースが，遠い国々からの援助をもたらすことを可能にした。

③ 17〜18 世紀には，ヨーロッパからのニュースがアメリカ大陸に届くのに 1 か月半もかかった。

④ 伝達の手段の普及は，世界のすべての人々が新しい自由を持つようになることを意味する。

■ 解答欄 ■

1	① ② ③ ④	7	① ② ③ ④
2	① ② ③ ④	8	① ② ③ ④
3	① ② ③ ④	9	① ② ③ ④
4	① ② ③ ④	10	① ② ③ ④
5	① ② ③ ④		
6	① ② ③ ④		

UNIT 7

出題データ

●ワード数：311 words
●難易度：基礎

解答と解説：本冊 p.94〜107

●目標解答時間：25分

次の英文を読み，後の問いに答えなさい。

"Oh, you speak English very well," a member of your American host family tells you. ___ア___, Americans are very good at making compliments. It is said that (1) in America compliments are like motor oil. They keep American society running smoothly.

5　(2) American parents praise their children both inside and outside the home. They will proudly tell their friends and neighbors about their son's or daughter's achievements. Compare this ___A___ Japan, where parents seldom praise their children in front of other people. ___イ___, Japanese parents often complain about their youngsters even

10　if (a) they are the best students in their class.

American teachers and professors praise their students frequently both in class and outside of class. "You did an excellent job!" "How smart!" "I'm very proud of you!" "Nice work!" "Well done!" "Perfect ten!" "You hit the nail on the head!" (3) These are some

15　typical expressions teachers use when they want to praise their students. Most American teachers are aware ___B___ the importance of building *self-esteem and confidence in young people.

In business also, praise and compliments are an important part of communication between *management and worker. Employees

20　lose *morale when they feel their work isn't valued. ___C___ a result, work quality can decrease. ウ , management training courses stress the importance of giving praise for good work. Workers are more likely to cooperate with a manager who gives praise and encouragement, rather than (b) one who complains.

25　　(4) Of course, praise and compliments must be believable. Insincere praise, also known as flattery, causes discomfort and uncertainty. People wonder why the person is giving empty praise and they become suspicious. They might even lose respect D the person giving the compliment.

30　　(5) Therefore, Americans are particularly mindful about giving appropriate praise and compliments to the people around them. Mark Twain, the great nineteenth century American writer, once said, "I can live for two months on a good compliment."

*[注] self-esteem　自尊心　　　　management　経営者(側)
　　　morale　士気，勤労意欲

■ 設問 ■

1．本文中の A ～ D の空所に入る語としてふさわしいものを次の①～
　　④の中からそれぞれ 1 つずつ選び，その番号をマークしなさい。

A	① on	② of	③ to	④ for
B	① toward	② on	③ into	④ of
C	① As	② If	③ That	④ Because
D	① of	② for	③ as	④ by

2．本文中の ア ～ ウ の空所に入る語としてふさわしいものを次の①～
　　④の中からそれぞれ 1 つずつ選び，その番号をマークしなさい。

ア	① Continuously	② Generally
	③ Properly	④ Considerably
イ	① So	② First	③ Instead	④ Then
ウ	① Therefore	② Since	③ Besides	④ Because

3. 本文中の下線部分 (a)，(b)が指しているものを次の①〜④の中からそれぞれ
　 1つずつ選び，その番号をマークしなさい。

　　(a) ① other classes　　　　② Japanese parents
　　　　③ their children　　　　④ achievements
　　(b) ① a worker　　　　　　② a professional
　　　　③ people　　　　　　　④ a manager

4. 本文中の下線部(1)〜(5)について，それと同じ内容を表すものを次の①〜④
　 の中からそれぞれ1つずつ選び，その番号をマークしなさい。

　　(1) 下線部(1) in America compliments are like motor oil. について
　　　① In America, they speak very fluently when admiring a person.
　　　② In America, their speeches are full of fire when arguing with
　　　　each other.
　　　③ In America, they believe in praising a person's achievements
　　　　because it makes relationships better.
　　　④ In America, they learn the value of oil by their driving
　　　　experiences.

　　(2) 下線部(2) American parents praise their children both inside and
　　　outside the home. について
　　　① American children are respected by their parents anytime.
　　　② American parents speak well of their children anywhere.
　　　③ American grandparents spoil their grandchildren anywhere.
　　　④ American parents scold their children anytime.

　　(3) 下線部(3) These are some typical expressions teachers use when
　　　they want to praise their students. について
　　　① When students praise their teachers, they use these
　　　　expressions.
　　　② Teachers asked their students to learn these expressions.
　　　③ Teachers use these common expressions when they praise
　　　　their students.
　　　④ When teachers want to ask their students to play, they use
　　　　these expressions.

(4) 下線部(4) Of course, praise and compliments must be believable. Insincere praise, also known as flattery, causes discomfort and uncertainty. について

① We had better believe every praise and compliment given to us by people.

② Insincere praise is respected by others.

③ Flattery, discomfort and uncertainty are some ways to give a compliment.

④ Praise and compliments are not believable when they are spoken by someone to flatter you.

(5) 下線部(5) Therefore, Americans are particularly mindful about giving appropriate praise and compliments to the people around them. について

① Americans don't give praise and compliments when people are around them.

② Americans want to get praise and compliments from people around them.

③ Americans try to give praise and compliments to the people who are around them.

④ Americans want to give praise and compliments to people from all over the world.

■ 解答欄 ■

1	A	①	②	③	④	**3**	(a)	①	②	③	④
	B	①	②	③	④		(b)	①	②	③	④
	C	①	②	③	④	**4**	(1)	①	②	③	④
	D	①	②	③	④		(2)	①	②	③	④
2	ア	①	②	③	④		(3)	①	②	③	④
	イ	①	②	③	④		(4)	①	②	③	④
	ウ	①	②	③	④		(5)	①	②	③	④

UNIT 8

出題データ
- ●ワード数：378 words
- ●難易度：超基礎

解答と解説：本冊 p.108～119

●目標解答時間：25分

次の英文を読み，後の問いに答えなさい。

One of the most popular and unique styles of music today is reggae. Reggae started on the Caribbean island of Jamaica in the 1960s. The most popular and most important person in this kind of music is Bob Marley, who is known (A) the "King of Reggae."

5　(B) most reggae singers, Marley was born into a poor black family in Jamaica. He (　) in a dangerous area. His only dream of (1) succeed was to become a popular singer. Marley's mother wanted him to spend his life working in a factory, but (2) Bob wanted more for himself. He worked hard at his music and his

10　dream of becoming a famous singer came true.

Life in Jamaica in the 1950s and 1960s, when Marley (　) there, was hard, but his music is full of hope. His best known song is his hit record "One Love," which tells us that all people are one. Marley also believed that the problems of black Jamaicans would

15　come to an end. He was a member of a group of Jamaicans called Rastafarians. They had long hair tied together in "dreadlocks." (C) other Rastafarians, Marley believed that one day all black Jamaicans would return to Africa, live in peace and become rich.

(3) Bob Marley's music greatly helped not only Jamaican reggae

20　musicians but also popular musicians around the world. Rock star

28

Eric Clapton had a big hit when he sang Marley's song, "I Shot the Sheriff." Many pop bands, such as the Police, also began to use reggae rhythms in their songs. Because of (4) this, reggae music became more and more popular.

25　It is too bad that (5) Marley did not have much time to enjoy being famous. Many people did not like Marley because the Jamaican government thought that he and the Rastafarians were dangerous. In 1976, he was almost killed when his home was attacked. Marley (6) shoot in the chest and arm, but he was rushed 30　to the hospital in time to save his life. Later, Marley fell ill and died of cancer in 1981 (7) at the age of 36. Marley's last words to his son Ziggy were "Money can't buy life." Marley died very young but (8) his timeless music continues to be played and loved all over the world.

*[注] dreadlocks　ドレッドヘア

■ 設問 ■

1．空所(A)(B)(C)には like または as が入ります。as が入る空所の記号を答えなさい。

2．文中2か所の（　　）には同じ語句が入ります。正しいものを下から選び，記号で答えなさい。
　ア．grew up　　　イ．was grown up　　　ウ．brought up

3．下線部(1)を文脈に合うように適切な形に変えなさい。

4．下線部(2)の内容に最も近いものを下から選び，記号で答えなさい。

ア．Bob didn't think that working in a factory was enough for him

イ．Bob wanted to spend more time working in a factory

ウ．Bob wanted more than one dream to come true

エ．Bob wanted to become a popular singer and also work in a factory

5．下線部(3)を和訳しなさい。

6．下線部(4)の内容として最もふさわしいものを下から選び，その記号を答えなさい。

ア．ボブ・マーリーの音楽はジャマイカのレゲエミュージシャンのみならず，世界中のミュージシャンの助けになったこと

イ．エリック・クラプトンがボブ・マーリーの歌を歌ってヒットしたこと

ウ．多くのミュージシャンがレゲエを取り入れ始めたこと

7．下線部(5)を次のように書き換えたとき，空所に入る語を答えなさい。

Marley died （　　　　） after he became famous

8．下線部(6)を文脈に合うように適切な形に変えなさい。

9．下線部(7)を次のように書き換えたとき，空所に入る語を答えなさい。

（　　　）（　　　）（　　　）36 years old

10．下線部(8)の内容に最も近いものを下から選び，記号で答えなさい。

ア．His music is so long that you will not have enough time to do anything else.

イ．His music is very short and you don't have to worry about wasting time.

ウ．His music is so good that it will not die.

エ．His music is very good and people forget about time when they listen to it.

■ 解答欄 ■

1		2		3	
4					
5					
6		7		8	
9			10		

UNIT 9

出題データ

解答と解説：本冊 p.120〜131

● ワード数：387 words

● 難易度：基礎

● 目標解答時間：25分

次の英文を読み，後の問いに答えなさい。

There are many big differences between Japanese society and Western society, and one of them is about telling the truth. All Japanese know the expression, 'Lying is sometimes good,' or *Uso mo hoben*. In Western culture people also tell lies, but the reasons
5 for lying are often quite different from the reasons for lying in Japan.

When I was in elementary school in America, my teacher said, "You know George Washington. He was the first U.S. President. When he was a child, he cut down his father's favorite cherry tree.
10 He then went and said to his father, 'I cannot tell a lie. I cut down the cherry tree.' George's father then said that telling the truth was very important."

Teachers in the U.S. told children this story and said, "It is always right to tell the truth." [A], this is not a true story about
15 George Washington. It's a big lie! But this lie was used for a good reason. Teachers wanted to teach kids to tell the truth. Both Americans and Japanese lie because they don't want to hurt someone else. There are also lies 'for a good reason' and they are called 'white lies.'

20 [B], many Americans actually lie in a lot of situations.

American children often lie when they want to run away from difficult situations. But they usually think that lying is wrong.

Lies are very common in American society, but even more common in Japan. Serious lies are found all through Japanese
25 culture. (1) People can forgive most of the lies in Japanese society. They do not even call most of these real lies. They just say they are not telling the truth about something. They think telling the truth is not polite when it hurts someone. (2) We can find this idea in Western culture, too, but not as much as in Japan.

30 There is a Japanese expression, 'You should put a lid on a pot that smells bad.' This is used to show that we should not tell the truth about things that may hurt someone. C , you sometimes have to tell a lie.

In Japanese society, people cannot live in harmony if everyone
35 tells the truth about everything. (3) [1. is 2. keep 3. lying 4. natural 5. the peace 6. to] and most people feel that it is another part of Japanese society.

■ 設問 ■

1．文中の波線部を和訳しなさい。

2．空所 A ～ C に入れる語句はどれが適切か。次の①～④の組み合わせから１つ選び，番号で答えなさい。
　① A：For example　　B：By the way　　C：In other words
　② A：In fact　　　　B：Of course　　　C：In this way
　③ A：Of course　　　B：In fact　　　　C：For example
　④ A：In this way　　B：In other words　C：By the way

3. 下線部(1)の理由を最も適切に表している文を，次の①～④から１つ選び，番号で答えなさい。

① Because they don't think most lies are so serious in Japan.

② Because they know everyone tells lies in Japanese culture.

③ Because they usually think no one knows the truth.

④ Because they know telling the truth sometimes hurts someone else.

4. 下線部(2)の具体的内容を最も適切に表している文を，次の①～④から１つ選び，番号で答えなさい。

① In Western culture people usually don't tell lies because they are taught lying is wrong.

② Japanese people often forgive serious lies but Westerners forgive them more often.

③ In Western culture people think telling lies isn't always bad and this feeling is stronger in Japan.

④ Japanese people don't hurt anyone when they tell lies, and Westerners don't, either.

5. (3)の [ ] 内の語または語句を並べ換えて英文を完成しなさい。解答は，次の下線イとエに置かれるものの番号を書きなさい。なお，文頭にくる語も小文字のままになっている。

[ア   イ   ウ the peace   エ   オ]

6. 本文の内容と一致する文を，次の①～⑤から１つ選び，番号で答えなさい。

① Americans always tell the truth because they think lying is wrong.

② Teachers in the U.S. used the story of George Washington to show that not everything one hears is true.

③ Japanese people think that telling lies is sometimes good when they don't want to hurt someone.

④ Most Americans cannot understand Japanese people at all because they sometimes tell serious lies.

⑤ Japanese people need to change their custom of telling lies in today's international society.

■ 解答欄 ■

1						
2			3		4	
5	イ		エ		6	

出題データ

●ワード数：397 words
●難易度：超基礎

解答と解説：本冊 p.132〜145

●目標解答時間：25分

次の英文を読み，後の問いに答えなさい。

　　Today there is a television set in almost every house. In some countries, you can choose from about forty different channels; some show only a single type of program — news, sports, music, theater or movies; most show different kinds of programs and give the
5　viewer a wide range of entertainment to choose from. In one country, a recent survey showed that the average person spent three and a half hours a day watching television. Housewives were the biggest group of viewers. (1) They spent an average of about five hours a day watching TV while they were taking care of their
10　children. [ア]

　　For families with children, a major problem is getting the children away from the television to do their homework. How then does television affect people's lives?

　　(2) To find out, (3) an unusual experiment was carried out
15　recently. A group of forty-four families was asked to stop watching television for one month. The families were studied to see how their lives were affected by not being able to watch TV during this period.

　　Four of the families found that family life simply could not
20　continue without TV, and they gave up the experiment. [イ] Among

those who successfully kept away from television, (4) several interesting things were reported.

Some parents were glad to end the daily battle among family members to decide what program to watch. In some families, the

25 family went to bed earlier. Family members found other things to do, such as reading or playing volleyball. Many families found that they had more time to talk and play among themselves without television. Dinner time was more relaxed without the pressure of TV. Children's eyesight became better in several cases. [ウ]

30 On the other hand, some families said they greatly (A) their favorite programs. A father in one family without TV started gambling, and another began to drink heavily. Some children found they had nothing to talk about at school; they no longer could talk about their favorite comedians, singers, or actors. Several mothers

35 found they had less to talk about with their young children.

At the end of the experiment, most of the families wanted to have the television back in their homes. (B), they said that in the future they would watch only certain programs, and not allow their lives to be controlled by television.

■ 設問 ■

1．下線部(1)を日本語にしなさい。

2．下線部(2)の意味を，省略されている内容を補って，30字以内の日本語で答えなさい。

3. 下線部(3)について，次のそれぞれの質問に英語で答えなさい。ただし(a)は
「There〜」，(b)は「To〜」に続けて答えること。
   (a) How many families were there in the experiment?
   (b) What did the experiment ask those families to do?

4. 下線部(4)に当てはまらないものはどれですか。ア〜キの中から2つ選び，
記号で答えなさい。
   ア. People found some other ways to spend their free time even
   when they did not watch TV at home.
   イ. Some people went to bed earlier.
   ウ. Some children spent most of their time watching videos.
   エ. Some people found that watching TV often gave them things to
   talk about to each other.
   オ. At dinner time, people felt more relaxed because they did not
   have to think about TV.
   カ. Some children had better eyesight when they stopped watching
   TV.
   キ. Most of the families liked the experiment and only a few of
   them wanted to have TV back in their homes.

5. (A)と(B)に入る語句をそれぞれア〜エの中から1つ選び，記号で答えなさい。
   (A) ア. changed   イ. enjoyed   ウ. missed   エ. praised
   (B) ア. So   イ. At last   ウ. In fact   エ. However

6. 次の1文を本文中に入れるとすると，[ア]〜[ウ]のどこに入れるのが最も適
切ですか。その位置を記号で答えなさい。
   They said they could find no other way to spend their free time.

■ 解答欄 ■

1	
2	

3	(a)	
	(b)	

4		5	(A)		(B)		6	

UNIT 11

出題データ

解答と解説：本冊 p.146〜163

● ワード数：415 words

● 難易度：基礎

● 目標解答時間：25分

次の英文を読み，後の問いに答えなさい。

　　Most musicians agree that the best violins were first made in Italy. They were made in Cremona, Italy, about 200 years ago. (a) These violins sound better than any others. They even sound better than violins made today. Violin makers and scientists try to
5　make instruments like the Italian violins. But they aren't the same. Musicians still prefer the old ones. Why are these old Italian violins so special? No one really knows. But many people think they have an (　1　).

　　Some people think it is the (　2　) of the violins. They say that
10　today's violins will also sound wonderful someday. But there is a problem here. Not all old violins sound wonderful. Only the old violins from Cremona are special. So age cannot be the answer. There must be (　3　) different about Cremona or those Italian violin makers.

15　　Other people think the secret to those violins is the wood. The wood of the violin is very important. It must be from certain kinds of trees. It must not be too young or too old. (b) Perhaps the violin makers of Cremona knew something special about wood for violins.

　　But the kind of wood may not be so important. (ア) [be, in, it, to,
20　cut, may, more, important, the wood, a special way]. Wood for a

violin must be cut very carefully. It has to be the right size and shape. The smallest difference will change the (4) of the violin. Musicians sometimes think that this was the secret of the Italians. Maybe they understood more than we do about how to cut the
25 wood.

Size and shape may not be the answer either. Scientists measured these old violins very carefully. (イ) They [are, can, make, that, exactly the same, new ones] size and shape. But the new violins still do not sound as good as the old ones. Some scientists
30 think the secret may be the *varnish. Varnish covers the wood of the violin. The wood looks shiny with the varnish. It also helps the sound of the instrument. (ウ) No [in, used, what, knows, makers, one, their varnish, the Italian violin]. So no one can make the same varnish today.

35 There may never be other violins like the violins of Cremona. Their secret may be lost forever. Young musicians today hope this is not true. They need fine violins. But there aren't very (5) of the old violins left. Also, the old violins are very expensive. Recently, a famous old Italian violin was sold for about $300,000!

*[注] varnish　ニス

■ 設問 ■

1．(1)～(5)に本文の他の箇所で使われている1語をそのまま入れなさい。

2．下線部(ア)～(ウ)の[　　]内の語句を並べ換えて文を完成しなさい。
(ア) _____

_____

(イ) They _____

_____ size and shape.

(ウ) No _____

_____

3. ~~~~~~~~~~~部（$300,000）の読み方を英語で書きなさい。（　　）内に
1 語ずつ入れること。

three （　　　　　　　　　　）（　　　　　　　　　　）（　　　　　　　　　　）

4. 下線部(a)，(b)を和訳しなさい。

■ 解答欄 ■

1	(1)	(2)	(3)
	(4)	(5)	

2	(ア) ———————————	
	(イ) They ——————————— size and shape.	
	(ウ) No ———————————	

3	three （　　　　　）（　　　　　）（　　　　　）

4	(a)
	(b)

次の英文を読み，後の問いに答えなさい。

"An old woman was attacked by five boys!" says a newspaper. "(1) The postman found an eighty-year-old man living alone dead," reads the newsman on TV. (2) Stories like these give us a sad, frightening picture of old people. We hear and read about the lonely

5 ones, the poor, sick and helpless ones. Does this all mean youth has everything, while old age has nothing?

Certainly, times are changing for the old. But (3) not all the changes are bad ones. Modern medicine, for example, (4) [people, healthy, make, than, has, old] ever before. Many can now look after

10 themselves until they are eighty or even ninety years old. Besides, there are many more old people than there used to be. The average British woman lives till she is seventy-five. The average British man lives till he is seventy. This means that old people often have a good social life with the people of their own generation. Old people,

15 too, have more money now than their own parents and grandparents had. The "old age pension" is small, but (5) with its help, old people now have enough food to eat and clothes to wear.

The greatest problem of modern life is loneliness. Children leave home when they grow up and many old people live alone.

20 Families are smaller these days. Fewer old people have brothers and

sisters. Perhaps, an old person's one or two children have moved to another part of the country. Even when they live nearby, they have their own work to do, and their own children to look after. They don't have much time for their parents. Problems of loneliness often
25 start when people stop work. Going to work is, for most people, the most important thing in their lives. Work makes people proud of themselves, and through work, they are always in touch with their friends. When people stop work (men at sixty-five, women at sixty), (6) it is often difficult for them to start a new life without their jobs.

30 　(7) The world has changed so fast since the beginning of this century that it is difficult for old people to understand the problems of young people. When the eighty-year-old people of today were children, there were no planes, radios or TV sets. (8) There are many more things in the world today that were not there in their
35 childhood. And the world is changing even faster these days than it was fifty years ago. You begin to wonder, don't you? What will it be like when today's young people are old?

■ 設問 ■

1. 下線部(1), (2), (3), (5), (8)の意味に最も近いものをそれぞれ選びなさい。

(1) イ. The postman living alone found an eighty-year-old man dead.

ロ. The body of a man who died eighty years ago was found by the postman.

ハ. The postman died after finding an eighty-year-old man living alone.

ニ. An eighty-year-old man was lying dead. The postman found the body.

45

(2) イ．The photos of the people attacked are shown both in newspapers and on TV.

ロ．People like to learn about the news through TV rather than newspapers.

ハ．When we hear about such stories, we begin to feel that old people today are very unhappy.

ニ．Old people are sad and frightened to hear stories like these.

(3) イ．some changes are not bad changes

ロ．all changes are good for old people

ハ．there isn't any change that is bad for old people

ニ．many changes are bad, not just one

(5) イ．old people have so little money that they cannot live comfortably

ロ．old people today are not so poor that they die of hunger

ハ．old people can't enjoy life with the small pension paid to them

ニ．old people today have far greater money problems than their parents or grandparents

(8) イ．There were more things eighty years ago than there are today.

ロ．There were much fewer children when there were not as many things as there are today.

ハ．People today enjoy many more things which old people didn't know about when they were young.

ニ．The world we live in today is exactly the same world that eighty-year-old people knew when they were children.

2．(4)の [　　] 内の語を文脈に合うように並べ換えなさい。ただし，下線部の語を適当な形に直すこと。

3．下線部(6)の理由を 40 字前後の日本語で説明しなさい。

4．下線部(7)を日本語にしなさい。

5. 本文に述べられている老人が孤独になる要因の１つのまとめとなるように，
   空所に適語を補いなさい。

   Their children either live （　a　） away from them or they are often
   too （　b　） to spend much time with them.

■ 解答欄 ■

1	(1)	(2)	(3)
	(5)	(8)	
2			
3			
4			
5	a		b

桐原書店

大学入試

英語長文
ハイパー
トレーニング

東進ハイスクール・東進衛星予備校講師
安河内哲也

レベル
1

超基礎編

桐原書店

本書は『大学入試　英語長文ハイパートレーニング　レベル1　超基礎編』の装丁を変更し，音声オンライン提供版として刊行するものです。

はじめに

　大学入試の英語は何と言っても長文読解力で決まります。私立大・国立大，難関大，中堅大を問わず，英語入試問題の大部分は長文読解総合問題です。「長文」を制するものが入試英語を制す，と言っても過言ではないでしょう。

　この英語長文のシリーズは，「まじめに」「基礎から」「着実に」英文読解力を身につけたいすべての受験生の要望に応えるために，工夫の限りを尽くして作られました。

　「英文を読む」と言っても，英文読解はすべての技能を使った総合芸のようなものですから，残念ながら，「文法で読める」とか「単語で読める」とか「何かのテクニックで読める」というふうに，簡単に「何かをやればすぐできる」とは言い切れません。英文読解に必要な技能は，文法力・単語力・熟語力・速読力・大意把握力・設問解法と多岐にわたります。結局，これらをすべてバランスよく，ていねいにトレーニングするしかないのです。

　本書は，今までバラバラだった精読・速読・設問解法・単語・熟語・文法・構文・パラグラフリーディングが，レベル別にまとめて勉強できる画期的な問題集です。また，入試に必要ない専門的な知識の追求を廃し，すべての受験生が「使いやすく」「わかりやすく」「力がつく」作りになっています。

　例えばすべての英文に構造図解があり，すべての設問に解答の根拠が示されているため，学習後に疑問点が残りません。もちろん，単語・熟語は細かにリストアップされ，単語集・熟語集の機能も持たせてあります。さらに何度も音読を繰り返し，速読力を身につけるための「速読トレーニング」により，速く長文を読むトレーニングができるようになっています。

　英語はよく野球などのスポーツにたとえられますが，語彙力は筋力のようなもので，文法力はルールの理解のようなものです。筋力をつけたり，ルールを学ぶことで胸がワクワクすることはあまりありません。英文読解こそが一番大切な「試合」です。皆さんは今まさにバッターボックスに立ち，英文読解という最高に刺激的なゲームを始めるところなのです。

　本書を通じて，皆さんが胸躍る英語の世界の探求を思いっ切り楽しみ，将来，世界で通用する英語力の基礎を身につけてくれることを心から願います。

　今回の改訂では，読者の皆さんから大きな要望があった速読トレーニングのための音声を付録としてつけることができました。ますます実用英語的に変化する大学入試に対応するスピードを身につけるために，大いにこの音声を利用してください。

2008 年 3 月

安河内　哲也

本書の利用法

本書を使った英文読解の勉強法

　本書は，レベル別に英文を学ぼうとする人のあらゆるニーズに応えるため，様々な工夫が施されています。精読中心・速読中心など使い方はいろいろですが，成績を伸ばすために最も効果的な本書の使用法を紹介します。

　解いて，答え合わせをするだけの無意味な学習から，将来も役に立つ“本物”の英文読解力が身につく学習へとやり方を変えてみましょう。

別冊

①問題にチャレンジ！

　目標時間をめやすに別冊の問題を解いてみる。その際にわからないものでも，わかった情報から推測して，最低解答欄だけはすべて埋める。訳は下線訳のみにとどめ，全文和訳はしないこと。

問題

解答欄
答えを書き込みましょう！

UNIT 3

出題データ

● ワード数：326 words
● 難易度：基礎

解答と解説：本冊 p.42〜53

● 目標解答時間：20分

次の英文を読み，後の問いに答えなさい。

　Human beings need food, water, and air, which are necessary for survival. People cannot live without food to eat and oxygen to breathe. When it is cold, they need heat, clothes, and places to live. The (1) environment provides these needs. People use the land and
5　oceans for food. The atmosphere, which is the air around the earth, contains oxygen. Energy for heat comes from petroleum, trees, or the sun.

　Hundreds of years ago, the environment supplied food, heat, and

■ 解答欄 ■

1		
2		
3		
4		5
6 (6)	(7)	(8)	(9)

このシリーズは，個人のレベルに合わせて長文読解の学習が始められるレベル別問題集です。各レベルの構成は次のようになっています。

シリーズのレベル	問題のレベル	対象レベル
レベル1 超基礎編	基礎レベル	難関高校入試〜一般大学入試
レベル2 標準編	標準レベル	共通テスト〜中堅大入試
レベル3 難関編	難関レベル	難関大入試

②設問解法を学ぼう！

本冊

解答を見て赤ペンで答え合わせをする。本書の解答と解説を読んで，それぞれの選択肢や答えがどうして正解なのか，また不正解なのかをよく確認する。

UNIT 3

解答と解説　　　　　　問題：別冊 p.8〜10

■解答■

1	ハ	
2	moved from farms to cities in order to work	
3	1850年以来，人口と産業の両方が大変急速に増えてきた。人々は毎日より多くの土地，水，資源を必要としている。	

4	イ	5	ロ
6	(6) cause	(7) go	(8) pollute	(9) survive

※この時点で満足して次の問題に進まないことが長文読解ができるようになるコツ。解いて答えを確認してすぐ次に進むだけでは「読解力」はまったく身につかない。

解答

解説

選択肢の和訳

[解説]

1 environment は「環境」という意味だが，この語の説明となるのはハのみ。

◆選択肢の和訳
×イ. 人が所有している何か
×ロ. 森や野原などを含む，ある地域の眺望
○ハ. 人や動物，植物が生活する土地，水，空気

2 from A to B「AからBへ」，in order to V「Vするために」という2つの熟語を核にして考える。

3 since 1850 は「1850年以来」という意味の文頭の副詞句。このように〈前置詞＋名詞〉は（　　）に入り（→p.15），副詞の働きをすることができる。また，2文目の more は，much の比較級で，「より多くの」という意味になる。

7

③精読とテーマ読解を学ぼう！

　徹底精読のページでそれぞれの英文の読み方や文法のポイントをしっかりと学び，英文の構造のとらえ方を学ぶ。また，パラグラフごとの要旨を確認し，英文のテーマを把握する練習もする。精読記号（→ p.14）のついた英文をていねいに読み，英文の構造を瞬間的に見抜く訓練もする。知らない構文や単語・熟語はチェックした上でしっかりと文を読みながら暗記する。

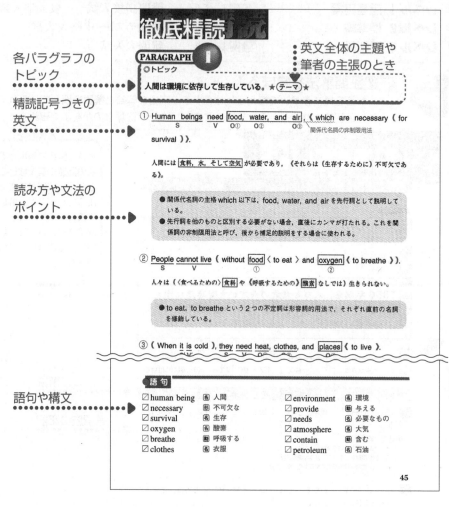

各パラグラフの
トピック

精読記号つきの
英文

読み方や文法の
ポイント

語句や構文

徹底精読

PARAGRAPH 1

○トピック

英文全体の主題や
筆者の主張のとき

人間は環境に依存して生存している。★ テーマ ★

① Human beings need food, water, and air, 《 which are necessary (for
　　S　　　　　V　　O①　　O②　　　O③　　関係代名詞の非制限用法
survival)》.

人間には 食料，水，そして空気 が必要であり，《それらは（生存するために）不可欠である》。

● 関係代名詞の主格 which 以下は，food, water, and air を先行詞として説明している。
● 先行詞を他のものと区別する必要がない場合，直後にカンマが打たれる。これを関係詞の非制限用法と呼び，後から補足的説明をする場合に使われる。

② People cannot live 《 without food 〈 to eat 〉 and oxygen 〈 to breathe 〉》.
　　S　　　　V　　　　　　　　①　　　　　　　　　　②

人々は（〈食べるための〉 食料 や《呼吸するための》 酸素 なしでは）生きられない。

● to eat, to breathe という2つの不定詞は形容詞的用法で，それぞれ直前の名詞を修飾している。

③ 《 When it is cold 》, they need heat, clothes, and places 〈 to live 〉.

語句

☐ human being 图 人間
☐ necessary 厖 不可欠な
☐ survival 图 生存
☐ oxygen 图 酸素
☐ breathe 動 呼吸する
☐ clothes 图 衣服

☐ environment 图 環境
☐ provide 動 与える
☐ needs 图 必要なもの
☐ atmosphere 图 大気
☐ contain 動 含む
☐ petroleum 图 石油

45

8

④音読で速く読む訓練をしよう！

「速読トレーニング」を使って，左から右へと英文を読む訓練をする。まず，英語→日本語，英語→日本語，というふうに"同時通訳風"の音読で，速度を上げていく。さらに日本語が必要なくなった段階で，英語のみを音読し，意味を理解する訓練をする。何度も繰り返すことが重要。

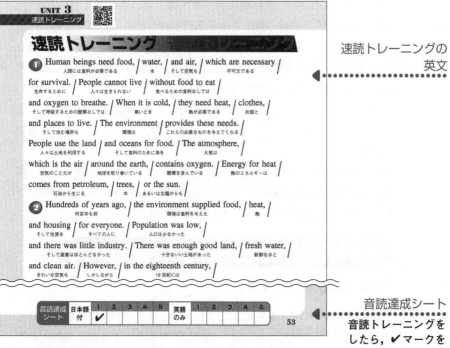

速読トレーニングの英文

音読達成シート
音読トレーニングをしたら，✔マークを入れましょう。

⑤ネイティブレベルにチャレンジ！

巻末の白文の問題英文を音読し，それと同時に明快に意味を把握することに何度もチャレンジする！ この段階で100パーセント英文が理解できることが本書の長文学習のゴールであり，ここまではすべてプロセスである。100パーセント英文がわかるようになるまで，ここまでのプロセスでつまずいた所まで戻ってしっかりと学習を続ける。

●以上，１つの長文をきちんと勉強してマスターするということは，皆さんが思っているよりも，ずっとずっと大変なことです。答えが合っていたとか，主語・述語がわかるとか，そのようなことを安易にゴールに設定してはなりません。常に英文の内容を音読する速度で，100パーセント完全に理解できることをゴールに学習を進めれば，皆さんの読解力は確実にアップします。１つの英文をマスターする過程では，その英文を数十回繰り返して読むことが言語の学習では絶対に必要です。

私は**音読**をすすめます。

　日本人の英語学習者は諸外国の学習者と比較して，しばしば英語の運用能力が劣っていると言われます。理由はいろいろと考えられますが，その１つは，言語学習の基本である音読訓練を軽視しているためではないかと思います。特に大学受験の英語学習は「受験英語」という言葉で「実用英語」と分けて語られることが多く，特別な理屈の習得に終始するようなケースも多々見受けられます。

　しかし，どんな大学受験の問題を解く際にも，「英語を速く正確にきちんと読む」という「普通の英語力」が一番大切なのは言うまでもありません。

　英文読解力の基礎を築くための最高の訓練は「英文の音読」です。音読は文法や語彙の習得など，あらゆる言語能力の習得に威力を発揮しますが，特に英文読解力の育成において重要です。

英文読解の学習において音読が重要な理由

◎音読で脳が活性化する。

　東北大学の川島隆太教授によるブレイン・イメージングの最新研究により，外国語を音読した際には，前頭前野を中心とする脳の知的活動をつかさどる領域が最高度に活性化するということが発見されました。

◎左から右へと考える習慣がつく。

　全文和訳の作成を偏重するあまり，英語を日本語に「訳すこと」が「読むこと」であると勘違いしている人が多いのは残念な傾向です。日本語と英語は語順が逆ですから，きちんとした日本語に訳しながら読もうとすると，後ろから戻らざるを得ません。しかし，本来言語はその順番通りに読むものです。英語の後置修飾は，「後ろで説明」と考えます。音読をしながら後ろから戻ることはできないので，誤った右から左への流れを矯正することができます。

◎直読直解を可能にする。

　もちろんネイティブ・スピーカーは英語を日本語に訳しながら読むことはありません。そもそも外国語の習得とは、少しでもネイティブ・スピーカーの理解に近づくことですから、私たちも英語を読んで直接意味を頭に浮かべる練習をする必要があります。英語だけの音読をしながら日本語に訳すことはできませんから、英語を読みながら理解するということは、ネイティブ・スピーカーと同じプロセスで英語を読むということになります。

◎動作記憶と言語感覚が身につく。

　外国語の基礎能力の習得は、スポーツや楽器の演奏と大変似ています。これらにおいても外国語の習得においても、理屈の習得は大変重要ですが、それだけでは野球選手にもピアニストにもなれませんよね。「反復練習」こそが真の実力者を作ります。私の尊敬する大師匠でもあり、同時通訳の神様と呼ばれる國弘正雄先生は、「只管朗読（しかんろうどく）」という言葉で、何回も音読を繰り返し、言葉の理屈を体に刷り込むことの重要性を長い間唱えてこられました。この方法による学習が、外交や教育の分野の第一線で活躍する多くの英語の達人を生み出していることが、この学習法の効果を示す何よりの証明となるでしょう。

　「受験英語」と「実用英語」には、実際には何の区別もありません。センター試験や東大の入試をはじめとするほとんどの大学入試は、リスニングの導入からもわかるとおり、紛れもない実用英語の試験です。

　この本を手にした皆さんは、努力を軽視した安易な方法論の誘惑に負けることなく、将来も役に立つ英語力の習得を目指し、音読学習に励んでくださいね。

センスグループの分け方

　スラッシュなどで英文を区切る**センスグループの分け方**には，明確なルールがあるわけではありませんが，基本的には**2〜5語ほどの「意味の固まり」でリズムよく分けて**いきます。大切なのは，「切る」という作業が目標になってしまわないことです。皆さんの目標は「読んでわかる」ことであり，切り方ばかりに集中するあまり，読むのが遅くなってしまっては本末転倒です。最初はおおざっぱに切り分けてどんどん読んでいき，徐々に文法を意識した正確な切り方を覚えていきましょう。ここでは，センスグループを切り分ける際の**5つの大切なルール**を学習します。**例文を音読**しながら，**2〜5語のリズムを体得**してください。

SVOCの要素で切る

　S, V, O, C は文の最も基本的な要素なので，これらはセンスグループを切り分ける際にも非常に重要なヒントとなります。1つの要素が4語や5語のような大きなものになる場合は，それを1つのセンスグループとするとよいでしょう。

He told me / **a very interesting story.**
　S　V　O　　　　　　　　　　　　O
彼は私に語った　/　とても興味深い話を

Mr. Thompson found / **an incredibly cheap restaurant.**
　　　　S　　　　V　　　　　　　　　　　　O
トンプソン氏は見つけた　/　とんでもなく安いレストランを

文頭の副詞句の後ろで切る

　文頭に副詞句や副詞節が置かれる場合は，それらの**副詞句や副詞節と主語の間では必ず切って**読み進みましょう。文頭で副詞句の働きをするものとしては**前置詞句**や**分詞構文**などが考えられます。

In case of emergency, / **you should stay calm.**
　　　前置詞句　　　　　　/　　S　　　V　　　C
緊急事態には　　　　　　　/　　平静を保つべきだ。

Seeing my face, / **she kindly smiled.**
　　分詞構文　　　　/　　S　　　　　V
私の顔を見て　　　　/　　彼女は優しく微笑んだ。

　主語の直後に長い修飾部分が続く場合は，その**主部と述語動詞を切り分けて**読むことが重要です。通常**一拍おいて読まれ**，少々強い切れ目（**//**）となります。

The boy　/　singing a song　/　under the tree　//　is my brother.

主語	＋分詞	＋副詞句	//	述部
少年は　/	歌を歌っている　/	木の下で	//	私の弟だ。

The products　/　that they produced　//　had many defects.

主語	＋関係代名詞節	述部
製品は　/	彼らが生産した　/	// 多くの欠陥があった。

　前置詞や**接続詞**は直後に続く要素と結びついて固まりを作るため，多くの場合**その直前で切って読み**ます。前置詞とその目的語の間で切ることはまずありません。

He stayed　　/　in the house　/　during the afternoon.

S	V	前置詞句	前置詞句
彼はとどまった　/	家の中に　/	午後の間は

I like him,　　/　although everybody hates him.

主節	接続詞＋SV（副詞節）
私は彼が好きだ　/	皆は彼を嫌っているけれども

　，（カンマ）は日本語の読点と似ていて，やはり**一拍おいて読む箇所**を示しています。当然カンマのある箇所では切って読んでいきます。**―（ダッシュ）**や**；（セミコロン）**などのマークの箇所でも切って読んでいきます。

He was born　/　　　in Beijing,　/　the capital of China.

主文	前置詞＋名詞＋カンマ	同格説明
彼は生まれた　/	北京で　/	中国の首都の

I took the medicine;　/　otherwise　/　I would have died.

SVO＋セミコロン	副詞	S	V
私は薬を飲んだ　/	さもなければ　/	私は死んでいただろう。

英文精読記号システム

　実際に英文読解の問題を解く前に，文の中で，どのようなものがどのような品詞の働きをするのかを知っておくと大変便利です。

　このシリーズでは，名詞の働きをするものは【　】，形容詞や同格の働きをするものは《　》，修飾・説明される名詞は□に囲まれています。副詞の働きをするものは（　）という記号を使って，英文の隅々まで疑問が残らないように学習できるシステムになっています。

　英文読解の学習を進めながら，この一覧を常に参照し，少しずつ英文の仕組みを覚えていくとよいでしょう。

　また，この一覧の英文を定期的に音読し，英文の構造把握が即座にできるようになる訓練をするのもよいでしょう。

　たったこれだけの記号を本書の英文と共に使いこなせるようになるだけで，基本的な英文の構造はしっかりと把握できるようになるはずです。

● 名詞の働きをするもの

○ 動名詞

I like 【 watching baseball games 】.
私は【 野球を見ること 】が好きだ。
....
I am looking forward to 【 hearing from him 】.
私は【 彼から便りがあること 】を楽しみにしている。
....

○ 不定詞の名詞的用法

【 To see 】 is 【 to believe 】.
【 見ること 】は【 信じること 】である。
....
It is hard 【 to master a foreign language 】.
【 外国語を習得すること 】は困難である。
....

○ 疑問詞＋不定詞

She taught me 【 how to operate the machine 】.
彼女は私に【 その機械をどうやって操作するのか 】教えてくれた。
....
I don't know 【 what to do next 】.
私は【 次に何をすべきか 】わからない。
....

◯ that 節「SがVするということ」

I think 【 that he is right 】.
私は【 彼は正しい 】と思う。

- -

It is true 【 that he went to Hawaii 】.
【 彼がハワイに行ったということ 】は本当だ。

◯ if 節「SがVするかどうか」

I don't know 【 if Cathy will come 】.
私は【 キャシーが来るかどうか 】わからない。

- -

The weather forecast tells us 【 if it will rain or not 】.
天気予報は【 雨が降るかどうか 】私たちに教えてくれる。

◯ 疑問詞節

Do you know 【 where he lives 】?
あなたは【 彼がどこに住んでいるか 】知っていますか。

- -

◯ 関係代名詞の what 節

【 What impressed me most in Hawaii 】 was the beautiful sea.
【 ハワイで私を最も感動させたもの 】は美しい海だった。

- -

【 What he said 】 is true.
【 彼が言ったこと 】は本当だ。

- -

● 形容詞の働きをするもの

◯ 前置詞＋名詞

Look at the girl 《 in a white dress 》.
《 白い服を着た 》女の子を見てごらん。

- -

The price 《 of this refrigerator 》 is too high.
《 この冷蔵庫の 》価格は高すぎる。

- -

◯ 不定詞の形容詞的用法

I have many friends 《 to help me 》.
私は《 私を助けてくれる 》たくさんの友人 がいる。

....

Will you please give me something cold 《 to drink 》?
《 飲むための 》何か冷たいもの をくださいますか。

....

◯ 現在分詞

Look at the building 《 standing on that hill 》.
《 あの丘の上に建っている 》建物 を見なさい。

....

Jim was irritated at the boys 《 making a loud noise 》.
ジムは《 大きな音をたてている 》少年たち にイライラした。

....

◯ 過去分詞

The language 《 spoken in New Zealand 》 is English.
《 ニュージーランドで話されている 》言語 は英語だ。

....

The ambulance carried a child 《 hit by a truck 》.
救急車は《 トラックにはねられた 》子ども を運んだ。

....

◯ 関係代名詞節

He is the boy 《 who broke the window 》.
彼が《 窓をこわした 》少年 だ。

....

The book 《 which I bought yesterday 》 is interesting.
《 私が昨日買った 》本 はおもしろい。

....

Look at the house 《 whose roof is red 》.
《 屋根が赤い 》家 を見なさい。

....

◯ 関係副詞節

I don't know the time 《 when the train will leave 》.
私は《 電車が出発する 》時刻 を知らない。

....

Los Angeles is the city 《 where I want to live 》.
ロサンゼルスは《 私が住みたい 》町 だ。

....

● 同格の働きをするもの

◯ 同格の that 節

There is │some hope│《 that he will recover 》.
《 彼が回復するという 》│いくぶんの希望│がある。

⋯⋯⋯⋯⋯⋯⋯⋯⋯⋯⋯⋯⋯⋯⋯⋯⋯⋯⋯⋯⋯⋯⋯⋯⋯

He concealed │the fact│《 that he had divorced his wife 》.
彼は《 彼が妻と離婚していたという 》│事実│を隠した。

◯ カンマによる同格補足

We visited │Beijing│,《 the capital of China 》.
私たちは《 中国の首都である 》│北京│を訪れた。

⋯⋯⋯⋯⋯⋯⋯⋯⋯⋯⋯⋯⋯⋯⋯⋯⋯⋯⋯⋯⋯⋯⋯⋯⋯

I met │David│,《 an old friend of mine 》yesterday.
私は昨日,《 私の旧友の 》│デイビッド│に会った。

● 副詞の働きをするもの

◯ 前置詞＋名詞

The sun rises （ in the east ）.
太陽は（ 東から ）昇る。

⋯⋯⋯⋯⋯⋯⋯⋯⋯⋯⋯⋯⋯⋯⋯⋯⋯⋯⋯⋯⋯⋯⋯⋯⋯

He went to Moscow （ on business ）.
彼は（ 仕事で ）モスクワへ行った。

◯ 分詞構文（Ving）

（ Hearing the news ）, she turned pale.
（そのニュースを聞いて），彼女は青ざめた。

⋯⋯⋯⋯⋯⋯⋯⋯⋯⋯⋯⋯⋯⋯⋯⋯⋯⋯⋯⋯⋯⋯⋯⋯⋯

（ Having lived in Tokyo）, I know the city well.
（東京に住んだことがあるので），東京のことはよくわかっている。

◯ 受動分詞構文（Vpp）

（ Seen from the sky ）, the islands look really beautiful.
（空から見ると），島々は本当に美しく見える。

(Compared with his brother), he is not so humorous.
(弟と比較された場合), 彼はあまりおもしろくない。

従属接続詞＋S V

(Although he is against me), I won't change my plan.
(彼は私に反対だけれども), 私は計画を変えない。

I went to bed early (because I was tired).
(私は疲れていたので) 早く寝た。

不定詞の副詞的用法

I am very glad (to hear the news).
私は (その知らせを聞いて) とてもうれしい。

(To meet my father), I went to the city.
(父に会うために), 私はその町へ行った。

●本書で使用している記号について

　このシリーズでは皆さんが効率よく学習を進められるように，統一した記号を使用しています。次の記号を前もって理解しておくことで，スムーズな学習ができます。

主文［主節］の構造：　　　S＝主語　　V＝動詞　　O＝目的語　　C＝補語
主文［主節］以外の構造：S′＝主語　　V′＝動詞　　O′＝目的語　　C′＝補語
Vp＝動詞の過去形　　　**Vpp**＝動詞の過去分詞形　　　**to V**＝to不定詞
Ving＝現在分詞または動名詞
〜＝名詞　　　　　　　　...／…＝形容詞または副詞　　　.....／……＝その他の要素
①，②，③……＝並列の要素　　　　**A, B**＝構文などで対になる要素
❶：パラグラフ番号　　（　）：省略可能　　　　　　　　[　]：言い換え可能
【　】→名詞の働きをするもの（名詞，名詞句，名詞節）
〈　〉→形容詞の働きをするもの（形容詞，形容詞句，形容詞節）
（　）→副詞の働きをするもの（副詞，副詞句，副詞節）
□〈　〉→形容詞の働きをするものが，後ろから名詞を修飾
名＝名詞　　動＝動詞　　形＝形容詞　　副＝副詞　　前＝前置詞
代＝代名詞　　接＝接続詞　　助＝助動詞　　熟＝熟語　　構＝構文

＊名詞に後続する同格節［句］は本来名詞の働きをするものですが，本書では英文を理解しやすくするために，あえて〈　〉記号にしてあります。
＊精読解説の〈　〉や（　）記号の色や太さは，英文と和文の対応を示しています。

●英語の文型について

　本書では，各英文の主節，主文にはSVOC，それ以外にはS′V′O′C′の文型記号が付されています。学習にこれらの記号を活かすため，あらかじめ英語の5文型を理解しておくと便利です。

第1文型	主 語 ＋ 　自動詞（＋修飾部分）
	S　　　　　V

第2文型	主 語 ＋ be動詞類 ＋ 補 語 （＋修飾部分）
	S　　　　V　　　　C

第3文型	主 語 ＋ 　他動詞 ＋ 目的語（＋修飾部分）
	S　　　　V　　　O

第4文型	主 語 ＋ 　他動詞 ＋ 目的語 ＋ 目的語
	S　　　　V　　　O　　　O

第5文型	主 語 ＋ 　他動詞 ＋ 目的語 ＋ 補 語
	S　　　　V　　　O　　　C

＊**S**＝名詞，代名詞　　**V**＝動詞　　**O**＝名詞，代名詞　　**C**＝名詞，代名詞，形容詞

UNIT 1

■ 解答 ■

1	①	ウ	②	イ	2		ウ
3	(2)	イ	(3)	エ			

4	(4)	ア	(5)	エ	(6)	イ	(7)	オ	(8)	オ

5		オ	6	ア	7	イ	8		エ

9	(1)	T	(2)	F	(3)		T
	(4)	F	(5)	F			

[解説]

1 ① over は「～よりも多く」の意味で，more than と同じ意味。② must は「……しなければならない」という意味の助動詞で，have to と置き換えができる。主語の students は複数形なので，has to は不可。

2 この文では，「どのように」と伝達の手段を尋ねていると考えられるので，手段を尋ねる場合に使われる疑問詞 How を選べばよい。

◆選択肢の和訳
　×ア. 誰　　×イ. 何　　○ウ. どのように　　×エ. いつ

3 不特定な様々なものを表す際に，some ～s other ～s という表現を使う。これは「ある～，またある～」という意味。空所の直後は複数形なので，one や another は使えない。

4 空所に適当な前置詞を入れると，それぞれ次の意味になる。(4) talk about ～「～について話す」，(5) come from ～「～から来る，～出身である」，(6) be used as ～「～として使われる」，(7) A of B「B の A（B に属する A）」，(8) ways[a way] of Ving「V する方法」。

20

5 It is ... (for ～) to V は「(～が) V するのは…だ」という意味の形式主語の構文。It is important for them to learn English. となる。前置詞の of は不要。

6 one's own ～は「自分自身の～」という意味なので,「自分自身の言語」すなわち「母語」が正解。

7 読み書きをするのは「人間」。このパラグラフでは scientists「科学者」が話題の中心となっていて, them はそれを指している。

◆選択肢の和訳
  ×ア. 学生　　○イ. 科学者　　×ウ. 物　　×エ. 国

8 from place to place「場所によって」と little by little「少しずつ」という 2 つの熟語表現に即した訳はエのみ。

9 本文の内容との一致 (T), 不一致 (F) は次のとおり。

T (1)　第 1 パラグラフに書いてある。

F (2)　第 2 パラグラフでは「いくつかの国で」とは書いてあるが,「あらゆる国で」とは書いていない。

T (3)　第 3 パラグラフの後半に書いてある。

F (4)　「共通語である『英語』を使い, 理解し合う」という本文のテーマに反している。

F (5)　第 5 パラグラフには「アメリカ人はイギリス人が理解できないこともある」と書いてある。

◆選択肢の和訳
  ○(1) 英語は世界の多くの場所で使われている。
  ×(2) 多くの異なった言語があらゆる国で使用されている。
  ○(3) ある国では, 多くの学校において, ほぼすべての授業が英語で行われている。
  ×(4) 異なった母語を持つ 2 人の人が出会う際, 彼らは互いに理解しようとすらしない。
  ×(5) アメリカ人は常にイギリス英語が理解できる。

PARAGRAPH 1

◎トピック

英語は世界中で使われている。★ テーマ ★

① English is a language 《 which is used 《 by a lot of people 》 《 all over the
 　 S　　 V 　　 C
world 》》.

英語は《（世界中で）（多くの人々によって）使われている》言語 である。

- a language という先行詞を，関係代名詞 which 以下が修飾している。
- is used のように〈be 動詞＋過去分詞形〉は「……される」という意味の受動態。
- 受動態の直後で「～によって」のように動作主を表す場合は，by という前置詞を使う。

② It is spoken 《 in England, in Canada, in the U.S.A., in Australia, and in New
 (＝ English)　　 ①　　　　 ②　　　　　 ③　　　　　 ④　　　　　　 ⑤
Zealand 》.

英語は（イギリス，カナダ，アメリカ合衆国，オーストラリア，そしてニュージーランドで）
話されている。

- 代名詞の It は English を指している。
- in England のような〈前置詞＋名詞〉は前置詞句と呼ばれ，ここでは副詞の働きをする修飾部分を作っている。

③ It is also spoken 《 in other parts 《 of the world 》》.
 (＝ English)

英語は（《世界の》その他の地域 で）もまた話されている。

- 代名詞の It は English を指している。

④ <u>Only Chinese</u> <u>is spoken</u> **(** by more people **)**.
      S   V

中国語だけが **(** もっと多くの人々によって **)** 話されている。

> ● more は many の比較級で,「より多くの」という意味。

PARAGRAPH 2

◎トピック

多くの言語が話されている国がある。➡ 共通語として英語が役立つ。

⑤ **(** In some countries **)** <u>many different languages</u> <u>are spoken</u>.
                           S   V

(いくつかの国では, **)** 多くの異なる言語が話されている。

> ● in some countries という 〈前置詞＋名詞〉 の部分は, 文頭で副詞の働きをしている。

⑥ **(** In one country **)** <u>people</u> <u>have</u> over <u>ten languages</u>.
                         S   V   O

(ある国では, **)** 人々は 10 よりも多くの言語を話す。

> ● この文の over は,「～よりも多く」という意味で使われている。

●語句

☐ language	名 言語	☐ part	名 地方, 地域
☐ all over ~	前 ～の至る所で	☐ different	形 異なる
☐ also	副 ……もまた	☐ over ~	前 ～よりも多く
☐ other	形 そのほかの		

⑦ They speak one language (in one part 《 of the country 》), and (in
   S   V   O

another part 《 of the country 》) they speak another.
                                  S   V   O

彼らは（《その国の》ある地方で）1つの言語を話し，（《その国の》別の地方では）別の
言語を話す。

● 文末の another は another language のことだが，同じ名詞のくり返しがくどい
　 場合は，このように another だけで代名詞として使うことができる。

⑧ (When two people 《 from different parts of the country 》 meet), they
         S'   V'   S

cannot understand each other.
      V   O

（《その国の異なる地方出身の》2人の人が会うとき），彼らはお互いを理解できない。

● from から country までの〈前置詞＋名詞〉の部分は形容詞の働きをし，直前の two
　 people という名詞を修飾している。

⑨ They don't know both 《 of the languages 》.
   S   V   O

彼らは《その言語の》両方を知っているわけではない。

⑩ How can people 《 with different native languages 》 understand each other?
            S   V   O

《異なる母語を持つ》人々はどのようにしてお互いを理解できるのだろうか。

● How「どのように」のような疑問詞の後ろには疑問文が続くので，can という助動
　 詞が主語の people の前に出ている。

⑪ (In such a case) English is used.
                     S   V

（そのような場合，）英語が使われる。

24

PARAGRAPH 3

◎トピック

貿易を行う国 ➡ 英語教育が盛んである。

⑫ **（ In another country ）** people buy **（ from some countries ）** and sell **（ to
　　　　　　　　　　　　　接続詞　　S　　V①　　　　　　　　　　　　　　　　　　　　　V②**
other countries ）**, so** they believe **【** it is important **（ for them ）【** to learn
　　　　　　　　　　　　　　　S　　V　　　　　　　　O
English **】】**.
　　（= people）　形式主語

《別の国では，》人々は（ある国々から）買って《別の国々に》売っている，そこで，（彼ら
にとって）【【英語を学ぶこと】が重要であると】信じている。

> ● so は接続詞として，「だから」という意味で文をつなぐことができる。
> ● believe の直後には，名詞節を作る that という接続詞が省略されている。
> ● it は形式主語で，直後の名詞的用法の不定詞 to learn English を指している。

⑬ Students must learn two languages , 《 English and their own language 》,
　　S　　　　V　　　　　O
　　　　　　　　　　　　　　　　　同格（具体化）
and **（ in a lot of schools ）** almost all the lessons are given **（ in English ）**.
　　　　　　　　　　　　　　　　　　　　　　　　　S　　　　　V

生徒たちは《英語と母語という》2つの言語を学ばなければならない，そして，《多くの学
校で，》ほとんどすべての授業が（英語で）行われている。

> ● two languages の直後のカンマを同格のカンマという。A，B の形で「A すなわ
> 　ち B」のような意味で，詳しく言い換えたり具体化する働きをする。
> ● almost all the ～ は「ほとんどすべての～」という意味の重要表現。

語句

☐ another 　　形 もう１つの
　　　　　　　　代 別のもの
☐ from ～ 　　前 ～出身の
☐ each other 　代 お互い（に）

☐ both 　　　　代 両方
☐ native 　　　形 自分の国の
☐ It is ... 　　　構 （～が）V するのは…
　　(for ～) to V 　　だ

PARAGRAPH ④

◎トピック

科学者たちの共通語としても英語が使われている。

⑭ <u>Scientists</u> �**(** often **)** <u>meet</u> (to talk about │things│ 《 they are studying 》).
　　S　　　　　　　　　V　　　　　　　　　　　　　↑—— which が省略

科学者たちは（《彼らが研究している》│こと│ について話すために）**(**よく**)** 会合する。

● to talk という不定詞は副詞的用法で，「目的」を表している。
● things の直後には which（目的格の関係代名詞）が省略されている。

---

⑮ <u>They</u> <u>come</u> �**(** from different countries **)**.
　　S　　V
（= scientists）
彼らは **(** 異なる国々から **)** 来る。

● They は「科学者」を指している。

---

⑯ But │most│ 《 of them 》 <u>can read</u> and <u>write</u> **(** in English **)**, ⓢⓞ English is
　　　　S　　　　　　　　　　　V①　　　　　V②　　　　　　　　　　　接続詞　　S　V

(very often **)** <u>used</u> （ⓐⓢ a common language **)**.
　　　　　　　　　　　　　　　～として

しかし《彼らの》│大部分│ は **(** 英語で **)** 読み書きができる，そこで英語は **(** 共通語として **)**

(非常によく **)** 使われる。

● them は「科学者」を指している。
● 受動態を作っている〈be 動詞＋過去分詞〉の間に，very often という副詞が挿入
　されている。このような副詞の働きをする句は，文の様々な場所に入りこむ。

PARAGRAPH 5

◎トピック

世界語としての英語と，地域による話し方の違い。

⑰ English(S) is(V) (now) [the language](C) 《 of many of the world's people 》.

英語は（今や）《世界のたくさんの人々の》[言語]である。

⑱ There are(V) [different ways](S) 《 of speaking(①) and pronouncing(②) English 》 (in different parts of the world).

（世界の様々な場所で）《英語を話したり発音したりする》[様々な方法]がある。

● 〈there＋be 動詞＋名詞〉は，「～がある，いる」という意味の重要構文。

⑲ (Sometimes) even Americans(S) cannot understand(V) British people(O).

（時々）アメリカ人でさえイギリス人の言うことが理解できない。

⑳ English(S) is(V①) different(C) (from place to place) and changes(V②) (little by little).

英語は（場所によって）異なり，（少しずつ）変化している。

㉑ (If you(S') think(V') (about your own language)), you(S) can understand(V) this(O).

（もしあなたが（母語について）考えるなら），このことが理解できるだろう。

● this はふつう，前の内容を指す。ここは「地域で英語が異なり，変化していること」。

語句

- ☐ come from ～ 熟 ～から来る，～出身である
- ☐ most of ～ 名 （～の）大部分
- ☐ common 形 共通の
- ☐ pronounce 動 発音する
- ☐ even ～ 副 ～でさえ

速読トレーニング

① English is a language / which is used / by a lot of people
英語は言語である　　使用されている　　多くの人々によって

all over the world. / It is spoken / in England, / in Canada, / in the U.S.A.,
世界中で　　それは話されている　　イギリスで　　カナダで　　アメリカ合衆国で

in Australia, / and in New Zealand. / It is also spoken
オーストラリアで　　そしてニュージーランドで　　英語はまた話されている

in other parts of the world. / Only Chinese / is spoken / by more people.
世界のその他の地域で　　中国語だけが　　話されている　　もっと多くの人々によって

② In some countries / many different languages / are spoken.
いくつかの国では　　多くの異なる言語が　　話されている

In one country / people have / over ten languages. / They speak
ある国では　　人々は持っている　　10よりも多くの言語を　　彼らは話す

one language / in one part of the country, / and in another part of the country
1つの言語を　　その国のある地方で　　その国の別の地方では

they speak another. / When two people / from different parts of the country
人々は別の言語を話す　　2人の人が　　その国の異なる地方出身の

meet, / they cannot understand / each other. / They don't know
会ったとき　　彼らは理解できない　　お互いを　　彼らは知らない

both of the languages. / How can people / with different native languages
その言語の両方を　　人々はどのようにして　　異なる母語を持つ

understand each other? / In such a case / English is used.
お互いを理解できるのだろうか　　そのような場合　　英語が使われる

③ In another country / people buy / from some countries / and sell
別の国では　　人々は買う　　ある国々から　　そして売る

to other countries, / so they believe / it is important / for them
別の国々へ　　そこで，彼らは信じている　　重要であると　　彼らにとって

to learn English. / Students must learn / two languages,
英語を学ぶことは　　生徒は学ばなければならない　　2つの言語を

English and their own language, / and in a lot of schools
英語と母語という　　そして多くの学校で

almost all the lessons / are given in English.
ほとんどすべての授業が　　英語で行われている

④ Scientists often meet / to talk about things / they are studying.
科学者たちはよく会合する　　物事について話すために　　彼らが研究している

They come / from different countries. / But most of them
彼らはやってくる　　異なる国から　　しかし彼らのほとんどは

can read and write / in English, / so English / is very often used
読み書きができる　　英語で　　それで英語は　　本当によく使われる

as a common language.
共通語として

5 English is now / the language / of many of the world's people. /
英語は今では　　　　言語である　　　　　世界のたくさんの人々の

There are different ways / of speaking and pronouncing English /
様々な方法がある　　　　　　英語を話したり発音したりする

in different parts / of the world. / Sometimes / even Americans /
様々な場所で　　　　世界の　　　　時々　　　　アメリカ人でさえ

cannot understand / British people. / English is different / from place to place /
理解できない　　　　イギリス人を　　　　英語は異なる　　　　　場所によって

and changes / little by little. / If you think / about your own language, /
そして変化する　　少しずつ　　もしあなたが考えるなら　　母語について

you can understand this.
このことが理解できるだろう

■ 解答 ■

1	(A)	②	(B)	⑤	(C)	③
2	1	①	2	④	3	⑤

3	彼は「家柄のよい」人々だけがリーダーになれると信じていた。					

4	④					

5	①	T	②	F	③	F
	④	F	⑤	F	⑥	T

[解説]

1 空所の前後の意味や表現に注意して，適切なものを選ぶ。

(A) 前の文には誰もが知っている有名な大統領の名前が並んでいる。その直後に，But「しかし」という逆接の表現があるのだから，逆の意味の表現が続くと考えられる。反対の意味を表しているのは②のみ。

(B) この部分に入る表現は直前の made a club の理由を表していると考えられる。①〜④は人間を修飾する表現なので，消去すればよい。

(C) 〈the＋最上級＋名詞＋ever to V〉は，「これまでに V した中で 1 番…な〜」という意味の重要表現。最上級はしばしば ever と結びつくことを手がかりに推測する。

◆選択肢の和訳
① 有名な大統領になった
② 世界の他の地域ではあまり知られていない
③ 今までに大統領になった
④ 非常に有名なので，あらゆるアメリカ人が知っている
⑤ 彼が大統領になるのを助けるために

2　空所の前後の意味に注意して，適切なものを選ぶ。

　①　直後に「読み書きがあまりできなかった」という表現があること，またパラグラフの内容からも，ジャクソン大統領の教育の程度は低かったと考えられるので，不可算名詞が「少ない」ときに使う little が正解。

　②　前の段落に続いて，もう１つの "OK" に関する話が続いている。このように，次に１つ付け足す場合には another という形容詞が使われる。other は，単数名詞を修飾するときは直前に冠詞 the などが必要。

　③　"OK" という言葉に関しての物語が，第３パラグラフと第４パラグラフで「２つ」紹介されている。これら２つを受けているのだから，「両方の」という意味の both が正解となる。

3　that 節は文末まで続いている。また，people という先行詞を修飾している who の節は "well-born" までであることに注意する。

4　so ... that Ｓ Ｖ「非常に…なのでＳはＶする」という構文を骨格にして組み立てる。また，it is ... (for ～) to Ｖ「（～が）Ｖするのは…だ」という形式主語の構文を，that 以下の部分に続けて文を組み立てる。

5　本文の内容との一致(T)，不一致(F)の理由は次のとおり。

T　①　第２パラグラフに，第２代大統領のジョン・アダムズが初めてホワイトハウスに住んだと書いてある。

F　②　第２パラグラフに，「大統領は金持ちでなければならない」と思っていたのはジョン・アダムズだと書いてある。

F　③　第２パラグラフで，ジョン・アダムズは洗濯物を干すのにイースト・ルームを使っていたと書いてある。

F　④　第２パラグラフの内容から，ジョン・アダムズが第２代，クインシー・アダムズが第６代なので，間の大統領は３人。

F　⑤　第３パラグラフの内容から，うまく英語を書けなかったのはジャクソン大統領だとわかる。

T　⑥　第６パラグラフの内容に合致する。

◆選択肢の和訳

○① ジョージ・ワシントンはホワイトハウスには住んでいなかった。
×② ジョージ・ワシントンは大統領は金持ちでなければならないと思っていた。
×③ 初め，イースト・ルームはジョン・アダムズ大統領によって重要なパーティーに使われていた。
×④ ジョン・アダムズからジョン・クインシー・アダムズまでは４人の大統領がいた。
×⑤ バン・ビューレンは英語を上手に書けなかった。
○⑥ ウィリアム・タフトより大きな大統領はいなかった。

PARAGRAPH 1

◎トピック

アメリカにはあまり知られていない多くの名大統領がいる。★ テーマ ★

① The United States had many famous Presidents.
　　　　　S　　　　　　V　　　O

合衆国には多くの有名な大統領がいた。

　●「大統領」の意味の President は，ふつう大文字で始まる。

② People 《 from other countries 》 know the names 〈 Washington, Lincoln,
　　S　　　　　　　　　　　　　　　V　　　O　　　　　同格
and Kennedy 〉.

《外国の》 人々 は 〈ワシントン，リンカーン，そしてケネディという〉 名前 を知っている。

　● the names の直後に置かれた大統領の名前は，the names を具体的に示す「同格」の働きをしている。

③ But there are many Presidents 《 who are not well-known （ in other parts of
　　　　　V　　　　S　　　　　　　関係代名詞の主格
the world ）》.

しかし《《世界の他の場所では》あまりよく知られていない》 多くの大統領 がいる。

　● who は関係代名詞の主格用法で，文末までで先行詞の many Presidents を説明する部分を作っている。

④ Here are some 《 of them 》.
　　　　V　　S

以下に《彼らのうちの》 何人か を挙げる。

　●〈Here ＋ be 動詞＋名詞〉は，「ここに～がある」という意味の重要構文。

PARAGRAPH **2**

◎トピック

ジョン・アダムズ大統領。

⑤ John Adams was the second President 《 after George Washington 》.
　　　　S　　　　V　　　　　　C

ジョン・アダムズは《ジョージ・ワシントンの後の》2代目の大統領だった。

⑥ He believed 【 that only people 《 who were "well-born" 》 could be leaders 】.
　　S　　V　　O　　　　　　　　S'　　　　　　　　　　V'

彼は【《「家柄のよい」》人々だけがリーダーになることができる】と信じていた。

> ● 接続詞の that が，that S V の形で，「S が V するということ」という意味の名詞
> 　の固まりを作っている。これは believe という他動詞の目的語の働きをしている。
> ● who は関係代名詞の主格用法。

⑦ He thought 【 that leaders had to have a lot of money and a good education 】.
　　S　　V　　O　　　　　　S'　　　　V'　　　　　　O'①　　　　　　　O'②

彼は【リーダーはたくさんのお金を持ち，よい教育を身につけていなければならない】と考
えた。

> ● had to V は，「V しなければならない」という意味の have to V の過去形。

語句

☐ famous 　　　　形 有名な
☐ President 　　　名 大統領
☐ well-known 　　形 よく知られて
　　　　　　　　　　　いる

☐ here＋be 動詞 　構 ここに～がある
　＋名詞
☐ well-born 　　　形 家柄のよい
☐ have to V 　　　熟 V しなければな
　　　　　　　　　　　らない

⑧ But there were | many people | 《 who did not think so 》.
V　　　　　　S　　　　　　　　　　　関係代名詞の主格

しかし《そう思わない》多くの人々 がいた。

●so は「そう」という意味で直前の内容を受ける。ここは「大統領は金持ちで，よい
教育を身につけていなければならない」ということを指している。

⑨ And　they　began　to　think 【 that a leader should come （ from "the
　　　　　 S　　 V　　　　　　　名詞節を作る接続詞

people." ）】

そして彼らは【リーダーは（「民衆」から）出るべきである】と思い始めた。

⑩ Adams was | the first President | 《 to live （ in the White House ）》.
　　S　　 V　　　　　　C

アダムズは《《（ホワイトハウスで）生活した》最初の大統領 だった。

●to live ..... の部分は形容詞的用法の不定詞で，直前の名詞を修飾している。

⑪ It wasn't finished, so the President and his wife had to hang their laundry （ in
　S　　 V　　　　接続詞　　S①　　　　　　　　S②　　　 V　　　　 O

the East Room ）.

それはまだ完成していなかった，それで，大統領と彼の妻は，《イースト・ルームに》洗濯
物をかけなければならなかった。

⑫ 《 Today 》 Presidents have important parties （ in this room ）.
　　　　　　　 S　　 V　　 O

《今日》，大統領は（この部屋で）重要なパーティーを開く。

⑬ | Adams's son |,《 John Quincy Adams 》, also became | President |,〈 the
　　S　　　　　 同格　　　　　　　　　　 V　　 C　　　　 同格

country's sixth 〉.

《ジョン・クインシー・アダムズという》アダムズの息子 もまた，〈その国の6代目の〉大
統領 になった。

PARAGRAPH 3

◎トピック

ジャクソン大統領。

⑭ President Jackson had very little education.
   S   V   O

ジャクソン大統領は，ほとんど教育を受けなかった。

⑮ (In fact), he could not read and write (well).
               S   V①   V②

（実際），彼は（あまり）読み書きができなかった。

⑯ (When important papers came (to Jackson)), he asked someone
              S′   V′   S   V   O

(about it).

（重要な書類が（ジャクソンの元に）来たとき），彼は（それについて）誰かに尋ねた。

● when は when S V の形で「S が V するとき」という意味の副詞節を作る。

──that が省略

⑰ (If he thought 【 a paper was all right 】), he wanted 【 to write "all correct"
    S′ V′   O′   S   V   O

(on it) 】.

（もし彼が【書類には間違いはない】と思ったら），彼は【（それに）「all correct」と書き】
たかった。

● 接続詞 if が「もしも S が V するならば」という意味の副詞節を作っている。
● thought の直後には名詞節を作る接続詞の that が省略されている。

語句

☐ hang   動 かける   ☐ all right   形 間違いない
☐ laundry   名 洗濯物   ☐ correct   形 正しい
☐ when S V   構 S が V するとき

⑱ But he didn't know 【 how to spell 】, so he wrote "ol korekt."
　　 S　 V　　　　O　　　接続詞　 S　 V　　　 O

しかし彼は【綴り方を】知らなかった，それで，彼は「ol korekt」と書いた。

● how to V は「V する方法」という意味。このように〈疑問詞＋不定詞〉は名詞の
　働きをする句を作る。

⑲ 《 After a while 》, he wrote it as "OK."
　　　　　　　　　　　 S　 V　 O

《しばらくして》，彼はそれを「OK」と書いた。

PARAGRAPH 4

◎トピック

バン・ビューレン大統領。

⑳ There is another story 《 about this word 》.
　　　　 V　　　 S

《この言葉について》別の話 がある。

㉑ Van Buren , 《 the 8th President 》, was born 《 in Kinderhook, New York 》.
　　 S　　　　　　　同格　　　　　　 V

《8 代目の大統領の》バン・ビューレン は，《ニューヨークのキンダーフックで》生まれた。

● born は bear「生む」の過去分詞形。人が主語になり「生まれる」という場合は，
　受動態の be born という形を使う。

36

㉒ Van Buren's friends made a club 《 to help him to become President 》.
　　　S　　　　　　V　　　O

バン・ビューレンの友人は，《彼が大統領になることを支援するための》クラブ を作った。

- help 〜 to V は「〜が V するのを手伝う」という意味の重要構文だが，to を使わず，動詞の原形を使い，help 〜 V という形でも同じ意味を表すことができる。

㉓ They called the club the Old Kinderhook Club, and anyone 《 who worked for
　　S　　V　　　O　　　　　　　C　　　　　　　　　　　　S　　　関係代名詞の主格

Van Buren 》 was called "OK."
　　　　　　　V

彼らはそのクラブをオールド・キンダーフック・クラブと呼んでいた，そして《バン・ビューレンのために働く》人は誰でも「OK」と呼ばれていた。

- call は第5文型の形で使われている。call O C という形で，「O を C と呼ぶ」という意味になる。
- who は関係代名詞の主格で，anyone という先行詞を修飾する節を作っている。

㉔ We don't know 【 which is true 】, but both stories are interesting.
　　S　　V　　　　　　　O　　疑問詞節　　　　　S　　　V　　C

私たちは【どちらが真実なのか】知らない，しかし，どちらの話もおもしろい。

- which や what などの疑問詞の直後に，動詞を置いたり，SV を置いたりすると，名詞の働きをする固まりを作ることができる。この文では which is true の部分が know という他動詞の目的語の働きをする節となっている。

語句

☐ how to V　熟 V する方法
☐ spell　動 綴る
☐ after a while　熟 しばらくして
☐ help 〜 (to) V　熟 〜が V するのを手伝う
☐ call O C　動 O を C と呼ぶ

37

PARAGRAPH 5

◎トピック

チェスター・アラン・アーサー大統領。

㉕ The 21st President was Chester Alan Arthur.
　　 S　　　　　　　 V 　　 C

第 21 代の大統領はチェスター・アラン・アーサーだった。

㉖ He (also) worked (hard) (to make his country a better place).
　 S　　　　　 V

彼（もまた）（自分の国をよりよい場所にするために）（一生懸命）働いた。

● make は，make O C という形で「O を C にする」という意味になる。

㉗ Arthur was (so) honest (that)(it) was hard 【 to find anything 《 to complain
　 S　　 V 　　 C　　　　　　　　　　　　　　　　　　　　　　　　　　　　　

so ... that 構文

形式主語

about 》】.

アーサーはとても正直だったので，【《不満を言うべき》何か を見つけるのは】難しかった。

● so ... that S V は「非常に…なので S は V する」という意味の「程度」を表す。
● it は形式主語で，後ろの名詞的用法の不定詞 to find の部分を指している。

㉘ (Of course), people (always) find something.
　　　　　　　　 S　　　　　　　 V　　 O

（もちろん），人々は（いつも）何かを見つける。

●「他人のあら探しをするのが好きな人もいる」ということ。

㉙ People complained 【 that he made the White House too modern 】.
　 S　　 V　　　 O　　 S'　 V'　　　　 O'　　　　　 C'

人々は【彼はホワイトハウスを現代的にしすぎた】と不満を言った。

PARAGRAPH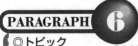

◎トピック

ウィリアム・タフト大統領。

㉚ William Taft became the twenty-seventh President 《 by (winning) easily 《 in
  S   V   C   動名詞

1908 》》.

ウィリアム・タフトは, 《(1908年に) 簡単に勝利して》27代目の大統領になった。

● winning は動名詞で, 手段を表す前置詞 by「〜によって」の目的語になっている。

㉛ Taft was │the largest man│ 《 ever to be President 》.
  S   V   C

タフトは 《これまでの大統領の中で》│最も大きな男│ だった。

● ever to be ..... の部分は形容詞的用法の不定詞で, 直前の名詞を修飾する働きをしている。ever は「これまでに」「かつて」という意味の副詞。〈the＋最上級＋名詞＋ever to V〉は,「これまで V した中で1番…な〜」という意味の構文。

㉜ He 《 once 》 said 【 that the White House was "│the lonesomest place│《 in
  S   V   O

the world 》." 】

彼は (かつて), 【ホワイトハウスは「《世界で》│最も孤独な場所│」である】と言った。

㉝ He was a quiet man and a great leader.
  S   V   C①   C②

彼はもの静かな男で, 偉大なリーダーだった。

語句

□ make O C　　**動** OをCにする
□ so ... that S V　**構** 非常に…なのでSはVする
□ complain　　**動** 不満を言う
□ modern　　**形** 現代的な

□ the＋最上級＋名詞＋ever to V　**構** これまで V した中で1番…な〜
□ lonesome　　**形** 孤独な
□ quiet　　**形** もの静かな

速読トレーニング

❶ The United States / had many famous Presidents. /
合衆国には　　　　　　多くの有名な大統領がいた

People from other countries / know the names / Washington, Lincoln, /
外国の人々は　　　　　　　　名前を知っている　　　ワシントン，リンカーン

and Kennedy. / But there are many Presidents / who are not well-known /
そしてケネディという　　しかし多くの大統領がいる　　　　あまりよく知られていない

in other parts / of the world. / Here are / some of them. /
他の場所では　　　世界の　　　以下は　　　彼らのうちの何人かだ

❷ John Adams / was the second President / after George Washington. /
ジョン・アダムズは　　2代目の大統領だった　　　　ジョージ・ワシントンの後の

He believed / that only people / who were "well-born" / could be leaders. /
彼は信じていた　　　人々だけが　　　　「家柄のよい」　　　リーダーになることができると

He thought / that leaders had to have / a lot of money /
彼は考えた　　リーダーは持っていなければならないと　たくさんのお金を

and a good education. / But there were many people / who did not think so. /
そしてよい教育を　　　　しかし多くの人々がいた　　　　そう思わない

And they began to think / that a leader should come / from "the people." /
そして彼らは思い始めた　　リーダーは出るべきであると　　　「民衆」から

Adams was the first President / to live in the White House. /
アダムズは最初の大統領だった　　ホワイトハウスで生活した

It wasn't finished, / so the President and his wife / had to hang their laundry /
それはまだ完成していなかった　それで大統領と彼の妻は　　　洗濯物をかけなければならなかった

in the East Room. / Today / Presidents have important parties /
イースト・ルームに　　今日　　大統領は重要なパーティーを開く

in this room. / Adams's son, / John Quincy Adams, / also became President, /
この部屋で　　　アダムズの息子　　ジョン・クインシー・アダムズは　また大統領になった

the country's sixth. /
その国の6代目の

❸ President Jackson / had very little education. / In fact, /
ジャクソン大統領は　　ほとんど教育を受けなかった　　実際

he could not read and write / well. / When important papers /
彼は読み書きができなかった　　あまり　　重要な書類が

came to Jackson, / he asked someone / about it. / If he thought /
ジャクソンの元に来たとき　彼は誰かに尋ねた　それについて　もし彼が思ったら

a paper was all right, / he wanted to write / "all correct" / on it. /
書類には間違いはないと　　彼は書きたかった　　「all correct」と　それに

But he didn't know / how to spell, / so he wrote / "ol korekt." /
しかし彼は知らなかった　綴り方を　　そこで彼は書いた　「ol korekt」と

After a while, / he wrote it as "OK." /
しばらくして / 彼はそれを「OK」と書いた

④ There is another story / about this word. / Van Buren, /
別の話がある / この言葉について / バン・ビューレンは

the 8th President, / was born in Kinderhook, / New York. /
8代目の大統領で / キンダーフックで生まれた / ニューヨークの

Van Buren's friends / made a club / to help him / to become President. /
バン・ビューレンの友人は / クラブを作った / 彼を支援するために / 大統領になることを

They called the club / the Old Kinderhook Club, / and anyone /
彼らはそのクラブを呼んでいた / オールド・キンダーフック・クラブと / そして誰でも

who worked for Van Buren / was called "OK." / We don't know /
バン・ビューレンのために働く / 「OK」と呼ばれていた / 私たちは知らない

which is true, / but both stories / are interesting. /
どちらが真実なのか / しかしどちらの話も / おもしろい

⑤ The 21st President / was Chester Alan Arthur. / He also worked hard
第21代の大統領は / チェスター・アラン・アーサーだった / 彼もまた一生懸命働いた

to make his country / a better place. / Arthur was so honest /
自分の国をするために / よりよい場所に / アーサーはとても正直だったので

that it was hard / to find anything / to complain about. / Of course, /
難しかった / 何かを見つけることは / 不満を言うべき / もちろん

people always find something. / People complained /
人々はいつも何かを見つける / 人々は不満を言った

that he made the White House / too modern. /
彼はホワイトハウスを / 現代的にしすぎたと

⑥ William Taft / became the twenty-seventh President / by winning easily /
ウィリアム・タフトは / 27代目の大統領になった / 簡単に勝利して

in 1908. / Taft was the largest man / ever to be President. / He once said /
1908年に / タフトは最も大きな男だった / これまでの大統領の中では / 彼はかつて言った

that the White House / was "the lonesomest place / in the world." /
ホワイトハウスは / 最も孤独な場所」であると / 「世界で

He was a quiet man / and a great leader.
彼はもの静かな男だった / そして偉大なリーダーだった

UNIT **3**

■ 解答 ■

1	ハ	
2	moved from farms to cities in order to work	
3	1850年以来，人口と産業の両方が大変急速に増えてきた。人々は毎日より多くの土地，水，資源を必要としている。	

4	イ	5	ロ

6	(6) cause	(7) go	(8) pollute	(9) survive

[解説]

1 environment は「環境」という意味だが，この語の説明となるのはハのみ。

◆選択肢の和訳
　×イ. 人が所有している何か
　×ロ. 森や野原などを含む，ある地域の眺望
　○ハ. 人や動物，植物が生活する土地，水，空気

2 from A to B「AからBへ」, in order to V「Vするために」という2つの熟語を核にして考える。

3 since 1850 は「1850年以来」という意味の文頭の副詞句。このように〈前置詞＋名詞〉は（　　）に入り（→p.15），副詞の働きをすることができる。また，2文目の more は，much の比較級で，「より多くの」という意味になる。

4 release は「放出する」という意味。この語の説明となるのはイのみ。

◆選択肢の和訳
○イ．何かを解放する
×ロ．何かを投げる
×ハ．何かを拾う

5 「スモッグ」の説明となるのはロのみ。

◆選択肢の和訳
×イ．はるか遠くを見えにくくしてしまうような，地面に低くかかる軽い雲
○ロ．煙やガスや化学物質などが混ざった，都市部の不健康な空気
×ハ．見通しを悪くする厚い雲

6 空所の前後の意味をよく考えて，適切な意味のものを選択する。

◆選択肢の和訳
(6) cause　　　動 引き起こす
(7) go into 〜　熟 〜に入る
(8) pollute　　動 汚染する
(9) survive　　動 生存する

◆解答部分の和訳
(6) 化学物質が土壌と水の汚染を（引き起こす）
(7) 地面や水の中へと（入る）化学物質
(8) たくさんの異なった化学物質が水を（汚染する）
(9) 人間は（生存する）ためにこれらのものが必要だ

徹底精読

◎トピック

人間は環境に依存して生存している。★(テーマ)★

① <u>Human beings</u> <u>need</u> <u>food, water, and air</u>, 《 which are necessary 《 for
     S   V   O①   O②   O③

関係代名詞の非制限用法

survival 》》.

人間には 食料, 水, そして空気 が必要であり, 《それらは《生存するために》不可欠である》。

● 関係代名詞の主格 which 以下は, food, water, and air を先行詞として説明している。
● 先行詞を他のものと区別する必要がない場合, 直後にカンマが打たれる。これを関係詞の非制限用法と呼び, 後から補足的説明をする場合に使われる。

② <u>People</u> <u>cannot live</u> 《 without food 〈 to eat 〉 and oxygen 《 to breathe 》》.
    S   V   ①   ②

人々は《〈食べるための〉食料 や《呼吸するための》酸素 なしでは》生きられない。

● to eat, to breathe という 2 つの不定詞は形容詞的用法で, それぞれ直前の名詞を修飾している。

③ 《 When <u>it</u> <u>is</u> cold 》, <u>they</u> <u>need</u> <u>heat, clothes, and</u> places 《 to live 》.
        S′ V′   S   V   O①   O②   O③

《寒いとき》, 人には熱や衣服, そして《住む》場所 が必要である。

● when は, when S V という形で, 「S が V するとき」という意味の副詞節を作る接続詞。

④ The environment provides these needs.
    S   V   O

環境はこれらの必要なものを与えてくれる。

⑤ People use the land and oceans **（ for food ）**.
   S   V   O①   O②

人々は**（食料のために）**土地や海を利用する。

- 前置詞 for は，「〜を求めて」という意味で使われている。

⑥ The atmosphere , **《 which is the air around the earth 》**, contains oxygen.
    S   関係代名詞の非制限用法   V   O

大気 は，**《地球を取り巻いている空気だが》**，酸素を含んでいる。

- the atmosphere「大気」は 1 つしかなく，他と区別する必要はないので，直後に カンマが打たれ，補足の働きをする非制限用法となっている。

⑦ Energy **《 for heat 》** comes **（ from petroleum, trees, or the sun ）**.
   S   V

《熱の》 エネルギー は**（石油，木，あるいは太陽から）**生じる。

- for heat という前置詞句は，形容詞の働きをし，直前の energy を修飾している。

語 句

☐ human being	名 人間	☐ environment	名 環境
☐ necessary	形 不可欠な	☐ provide	動 与える
☐ survival	名 生存	☐ needs	名 必要なもの
☐ oxygen	名 酸素	☐ atmosphere	名 大気
☐ breathe	動 呼吸する	☐ contain	動 含む
☐ clothes	名 衣服	☐ petroleum	名 石油

PARAGRAPH 2

◎トピック

昔は環境が充実し，産業がほとんどなかった。⟷ 近年，工業化が進行した。

逆接

⑧ (Hundreds of years ago), the environment supplied food, heat, and housing

                               S   V   O①   O②   O③

(for everyone).

(何百年も前)，環境は（すべての人に）食料，熱，そして住居を与えた。

● hundreds of ～ は「何百もの～」という意味。

⑨ Population was low, and there was little industry.

        S   V   C   V   S

人口は少なく，産業はほとんどなかった。

● little は「ほとんどない」という否定的な意味を持つ。

⑩ There was enough good land, fresh water, and clean air.

        V   S①   S②   S③

十分ないい土地，新鮮な水，そしてきれいな空気があった。

●〈there＋be 動詞＋名詞〉は「～がある，いる」という存在を表し，名詞を主語だと考える。

⑪ (However), (in the eighteenth century), the Industrial Revolution began

                                               S   V

(in England).

(しかしながら)，（18 世紀に）（イギリスで）産業革命が始まった。

● however という副詞は「逆接」を表し，後に続く文が前に書いてあったこととは反対のことを述べる場合に使われる。

⑫ The Western world changed **(** from an agricultural world to an industrial
　　　S　　　　　　　　V

world **)**.

西洋社会は，〔農業社会から産業社会へと〕変わった。

● from A to B は「A から B へ」という意味の重要表現。

⑬ Many people moved **(** from farms to cities **)** (in order to work).
　　S　　　　　V

多くの人々が（働くために）〔農場から都市へ〕移動した。

● in order to V は「V するために」という意味で，「目的」を表す。

⑭ Industry grew **(** very quickly **)**.
　　S　　　V

産業は〔大変速く〕発展した。

PARAGRAPH 3

◎トピック

産業と人口の増大が環境を変えている。➡ 環境汚染。

⑮ **(** Since 1850 **)**, both the population and industry have increased (very
　　　　　　　　　　　　　 S①　　　　　　　 S②　　　　　　 V

rapidly).

〔1850 年以来〕，人口と産業の両方が〔大変急速に〕増大してきた。

語句

☐ supply　　　　　　 動 与える
☐ population　　　　　 名 人口
☐ industry　　　　　　 名 産業
☐ the Industrial　　　　名 産業革命
　 Revolution
☐ from A to B　　　　 熟 A から B へ
☐ agricultural　　　　　形 農業の
☐ in order to V　　　　熟 V するために
☐ increase　　　　　　 動 増える
☐ rapidly　　　　　　　副 急速に

⑯ People need more land, more water, and more resources （ daily ）.
　　 S　　 V　　 O①　　　　 O②　　　　　　 O③

人々は（毎日），より多くの土地，より多くの水，より多くの資源を必要としている。

⑰ Industry is changing the environment （ quickly ）.
　　 S　　　 V　　　　 O

産業は環境を（急速に）変えている。

⑱ Some 《 of these changes 》 are harmful （ because they disturb the balance
　　 S　　　　　　　　　　　　 V　　 C　　　　　 S′　 V′　　 O′

〈 of nature 〉）.

《これらの変化のうちの》 いくつか は，（〈自然の〉 バランス をかき乱すので），有害である。

● some は「いくつかのもの」という意味の代名詞として使われている。

⑲ Pollution is a harmful change 《 that disturbs the environment 》.
　　 S　　　 V　　　 C　　　　　　　 関係代名詞の主格

汚染は《環境をかき乱す》 有害な変化 である。

● that は関係代名詞の主格で，which と置き換えることができる。

PARAGRAPH 4

◎トピック

様々な環境汚染。⟷ 生命の存在にとって，きれいな環境が必要である。
　　　　　　 逆接　　　　　　　　　　　　　　　　　　　 ★ テーマ ★

⑳ There are several kinds 《 of pollution 》: air, water, and land.
　　　 V　　　 S　　　　　　　　　　　　　 同格（具体化）

《汚染には》 いくつかの種類 がある。大気，水質，そして土壌の汚染である。

● :（コロン）は，前に置かれたものを後ろでさらに具体的に言い換える。

48

㉑ Industry causes air pollution.
　　 S　　　 V　　　 O

産業は大気汚染を引き起こしている。

㉒ Factories release many chemicals and gases 【 into the air 】.
　　 S　　　 V　　　 O①　　　　　 O②

工場は【大気中に】多くの化学物質やガスを放出している。

㉓ |Gases|《 from cars 》(also) cause air pollution, (especially in cities).
　　 S　　　　　　　　　　　　　 V　　 O

(特に都市では)《車から出る》|ガス|は大気汚染【もまた】引き起こす。

● from cars という前置詞句は形容詞の働きをし，直前の名詞 Gases を修飾している。

㉔ |Chemicals|〈 in　the　air 〉cause smog (in |many　large　cities|《 such　as
　　 S　　　　　　　　　　　　　 V　　 O　　　　　　 A

Tokyo and Los Angeles 》).
　　 B

(《東京やロサンゼルスのような》|多くの大都市|では，)〈大気中の〉|化学物質|はスモッグの
原因になっている。

● A such as B は「B のような A」という意味で，A に対して B の部分で具体例を示す場合に使われる。

語句

☐ resource	名 資源	☐ pollution	名 汚染
☐ daily	副 毎日	☐ cause	動 引き起こす
☐ harmful	形 有害な	☐ release	動 放出する
☐ disturb	動 かき乱す	☐ chemical	名 化学物質
☐ balance	名 バランス	☐ A such as B	熟 B のような A

㉕ 形式主語
It is （ sometimes ） dangerous （ for people ） 【 to breathe the air （ in those
S V C

cities ）】.

（人々にとって）【（これらの都市で）空気を吸うこと】は（時には）危険である。

● It は形式主語で，名詞的用法の不定詞の to 以下の部分を指して使われている。

㉖ Chemicals （ also ） cause land and water pollution.
S V O

化学物質（もまた）土壌汚染や水質汚染の原因となる。

㉗ Factories use many chemicals 《 that go into the land and water 〈 nearby 〉》.
S V O 関係代名詞の主格用法

工場は《〈近くの〉土壌や水 に入り込む》多くの化学物質 を使用する。

● that は関係代名詞の主格で，which と置き換えることもできる。
● nearby は，時に名詞を直後で修飾する形容詞。

㉘ Many different chemicals pollute the water, so people cannot use it.
S V O 接続詞 S′ V′ O′

多くの異なる化学物質が水を汚染する，それで人々は水が使えない。

● ....., so S V は「その結果 S は V する」という意味で，結果を表す重要表現。

㉙ The polluted water kills many plants and animals.
S V O① O②

汚染された水は，多くの植物を枯らし動物を殺す。

㉚ Life 《 on earth 》 depends （ on the environment ）.
S V

《地球上の》生命 は（環境に）依存している。

● on earth という前置詞句は形容詞の働きをし，直前の life を修飾している。

50

㉛ There <u>must be</u> <u>enough oxygen</u> **(** in the air **)**.
　　　　V　　　　　S

(大気中には**)**十分な酸素がなければならない。

●この文での must は「‥‥‥でなければならない」という意味。

㉜ There <u>must be</u> <u>clean water</u> and <u>enough food</u>.
　　　　V　　　　S①　　　　　　　S②

きれいな水や十分な食料がなければならない。

㉝ <u>Human beings</u>, **(** as well as plants and animals **)**, <u>need</u> <u>these things</u> **(** to
　　S　　　　　　　　　　　　　　　　　　　　　　　　V　　　O

survive **)**.

(植物や動物だけでなく**)**，人間には**(**生き残るために**)**これらのものが必要である。

● to survive は「目的」を表す副詞的用法の不定詞。

●語句

☐ It is ... (for 〜) to V	構 (〜が)V するのは…だ	☐ depend on 〜	熟 〜に依存する
☐ dangerous	形 危険な	☐ enough	形 十分な
☐ nearby	形 近くの	☐ A as well as B	熟 B ばかりでなく A も
☐ pollute	動 汚染する	☐ survive	動 生き残る
☐ ....., so S V	構 その結果 S は V する		

速読トレーニング

① Human beings need food, / water, / and air, / which are necessary /
人間には食料が必要である　　水　　そして空気も　　不可欠である

for survival. / People cannot live / without food to eat /
生存するために　　人々は生きられない　　食べるための食料なしでは

and oxygen to breathe. / When it is cold, / they need heat, / clothes, /
そして呼吸するための酸素なしでは　　寒いとき　　熱が必要である　　衣服と

and places to live. / The environment / provides these needs. /
そして住む場所も　　環境は　　これらの必要なものを与えてくれる

People use the land / and oceans for food. / The atmosphere, /
人々は土地を利用する　　そして食料のために海を　　大気は

which is the air / around the earth, / contains oxygen. / Energy for heat /
空気のことだが　　地球を取り巻いている　　酸素を含んでいる　　熱のエネルギーは

comes from petroleum, / trees, / or the sun. /
石油から生じる　　木　　あるいは太陽からも

② Hundreds of years ago, / the environment supplied food, / heat, /
何百年も前　　環境は食料を与えた　　熱

and housing / for everyone. / Population was low, /
そして住居を　　すべての人に　　人口は少なかった

and there was little industry. / There was enough good land, / fresh water, /
そして産業はほとんどなかった　　十分ないい土地があった　　新鮮な水と

and clean air. / However, / in the eighteenth century, /
きれいな空気も　　しかしながら　　18世紀には

the Industrial Revolution / began in England. / The Western world changed /
産業革命が　　イギリスで始まった　　西洋社会は変わった

from an agricultural world / to an industrial world. / Many people moved /
農業社会から　　産業社会へ　　多くの人々は移動した

from farms / to cities / in order to work. / Industry grew / very quickly. /
農場から　　都市へ　　働くために　　産業は発展した　　大変速く

③ Since 1850, / both the population / and industry / have increased /
1850年以来　　人口と　　産業の両方が　　増大してきた

very rapidly. / People need more land, / more water, / and more resources /
大変急速に　　人々はより多くの土地を必要としている　　より多くの水,　　そしてより多くの資源も

daily. / Industry is changing / the environment / quickly. /
毎日　　産業は変えている　　環境を　　急速に

Some of these changes / are harmful / because they disturb /
これらの変化のうちのいくつかは　　有害である　　それらはかき乱すからである

the balance of nature. / Pollution is a harmful change /
自然のバランスを　　汚染は有害な変化である

that disturbs the environment. /
環境をかき乱す

4 There are several kinds / of pollution: / air, / water, / and land. /
いくつかの種類がある　　汚染には　　大気　　水質　　そして土壌

Industry causes air pollution. / Factories release / many chemicals and gases /
産業は大気汚染を引き起こしている　　工場は放出している　　多くの化学物質やガスを

into the air. / Gases from cars / also cause air pollution, /
大気に　　車から出るガスは　　大気汚染もまた引き起こす

especially in cities. / Chemicals in the air / cause smog /
特に都市では　　大気中の化学物質は　　スモッグの原因になっている

in many large cities / such as Tokyo / and Los Angeles. /
多くの大都市で　　東京や　　ロサンゼルスのような

It is sometimes dangerous / for people / to breathe the air / in those cities. /
時には危険である　　人々にとって　　空気を吸うことは　　これらの都市で

Chemicals also cause / land and water pollution. / Factories use /
化学物質もまた原因となる　　土壌や水質汚染の　　工場は使用する

many chemicals / that go into the land / and water / nearby. /
多くの化学物質を　　土壌に入り込む　　そして水に　　すぐ近くの

Many different chemicals / pollute the water, / so people / cannot use it. /
多くの異なる化学物質が　　水を汚染する　　それで人々は　　水が使えない

The polluted water / kills many plants / and animals. / Life on earth /
汚染された水は　　多くの植物を枯らす　　そして動物も　　地球上の生命は

depends on the environment. / There must be enough oxygen / in the air. /
環境に依存している　　十分な酸素がなければならない　　大気中には

There must be clean water / and enough food. / Human beings, /
きれいな水がなければならない　　そして十分な食料が　　人間は

as well as plants and animals, / need these things / to survive.
植物や動物だけでなく　　これらのものが必要である　　生き残るために

音読達成シート	日本語付	1	2	3	4	5	英語のみ	1	2	3	4	5

53

UNIT 4

■ 解答 ■

1	④	6	②
2	③	7	①
3	⑤	8	③
4	①	9	①
5	②	10	②

[解説]

1 英文の構造などに注意して，正しい和訳を選ぶ。

× ① in India, all over the world は watched を修飾していない。

× ② この watched は「監視した」という意味ではない。

× ③ 「ビデオに撮る」という表現はどこにもない。

○ ④ 前置詞句の修飾関係が正しく，これが正解。

× ⑤ 「世界に広める」という表現はない。

2 英文の構造などに注意して，正しい和訳を選ぶ。

× ① 「すべての人」と「私」は本文では並んでいない。

× ② 「愛を助ける」とあるが，本文では help の目的語は others（他人）になっている。

○ ③ so ... that 構文など，正しく訳出されている。

× ④ 「活動を続けた」という表現はない。

× ⑤ by の目的語は kind heart「親切な気持ち」と endless love「終わりのない愛」なので，これを並べて訳出しなければならない。

3 選択肢⑤にある use a plane to ..... by sky という表現は英語にない。

◆選択肢の和訳
① 私は飛行機でカルカッタへ移動した。
② 私は空路でカルカッタへ行った。
③ 私は飛行機に乗ってカルカッタへ行った。
④ 私は飛行機でカルカッタへ行った。

4 下線部(4)の so ... that S V は，〈such a 形容詞＋名詞＋that S V〉「非常に…な～なので，S は V する」と同様に，「程度」を表す構文。これらの構文の that は，「程度」を表す節を作る働きをする。

◆選択肢の和訳
○① それは非常におもしろい映画だったので，私は 5 回も見た。(so や such の後ろで，程度を表す節を作る接続詞の that)
×② 私は君が私の友人だとわかっている。(名詞節を作る接続詞の that)
×③ 彼は私たちの隣に住んでいる男性だ。(関係代名詞の主格の that)
×④ 彼女は君が来ることができるのですごく喜んでいるよ。(感情の原因を表す副詞節を作る接続詞の that)
×⑤ 私に聞こえるように，もっと大きな声で話してください。(目的を表す副詞節を作る so that 構文の that)

5 時制や語法などに注意して，適切なものを選ぶ。
×① did は helped myself を指す代動詞だと考えた場合，他人が「私自身」を助けるのは意味が矛盾する。
○② anyone else = any other person なので，本文と同じ意味になる。
×③ was の直後に helped myself が省略されているとすれば，①と同様，意味が矛盾する。
×④ better は well「上手に」の比較級なので，意味が合わない。
×⑤ anything は「物」を表すので不適切。

6 「互いに学び合う」という文脈から考え，「病気の人々」を選べばよい。

7 本文の内容との一致，不一致は次のとおり。

○ ① 第3パラグラフの内容と一致。

× ② 第1パラグラフの内容から，16年間女子校で教えたのは筆者でなくマザー・テレサである。

× ③ 第3パラグラフの話題だが，「家族の家に住み込むよう頼まれる」くだりはない。

× ④ 第2パラグラフには，単独ではなく，「2人の友だちと一緒にカルカッタへ飛行機で行った」と書かれている。

× ⑤ 第3パラグラフの話題だが，「どの家で働くか尋ねられる」場面はない。

8 本文の内容との一致，不一致は次のとおり。

× ① 「子どもたち」に限定はできない。

× ② 先生をしていた場所はカルカッタである。

○ ③ 第3パラグラフの内容と合致する。

× ④ 第4パラグラフの内容と完全に反する。

× ⑤ 第3パラグラフでは「教えてくれなかった」とある。

9 本文の内容との一致，不一致は次のとおり。

○ ① 第1パラグラフの内容と合致する。

× ② 第3パラグラフの「ボランティアがうまくいっていない」という内容に反する。

× ③ 現在のボランティアとマザー・テレサでは時代が違う。

× ④ 第4パラグラフの自己反省の内容に反している。

× ⑤ ボランティア活動を読者に強く勧めている部分はない。

◆選択肢の和訳

○① 私は高校に入学するまでマザー・テレサのことは知らなかった。

×② ボランティアはみんな非常に懸命に働いたので，何をすべきかがとてもよくわかっていた。

×③ ボランティアたちはマザー・テレサのところにやってきて，長い間滞在した。

×④ 私は非常に一生懸命働いたので，彼らを大いに助けることができていたと確信している。

×⑤ ボランティア活動は社会の役に立つので，したほうがよい。

❿ 本文のテーマを考えながら，適切なものを選ぶ。

× ① 「マザー・テレサ」は導入のためのトピックであり，テーマではない。

○ ② 本文第5パラグラフのテーマと合致する。

× ③ 本文のテーマは「助ける」ことだけでなく，「相互に学ぶ」ことである。

× ④ 本文には「世界全体のためのボランティア」の言及はない。

× ⑤ 本文は人々に強くボランティアを勧めているものではない。

◆選択肢の和訳

「あなたが今読んだ文章に関する最も重要な点は何ですか」

×① マザー・テレサはすばらしい女性なので，私たちは彼女のように病気の人々を助けたほうがよい。

○② ボランティア活動はすばらしい行為だが，他者を助けることから自分も何かを得られるということを忘れてはならない。

×③ 私たちは医者に診てもらえない人々がいるということを知り，彼らを助けるべきだ。

×④ 私たちは病気の人々のためにだけでなく，世界全体のためにボランティア活動をするべきだ。

×⑤ 私たちはボランティア活動から多くを学ぶことができる。だから，できるだけ早くボランティア活動を始めるべきだ。

PARAGRAPH 1

◎トピック

筆者はマザー・テレサについて学んだ。

① I〔 first 〕heard（ about Mother Teresa ）（ in high school ）.
　 S　　　　　V

私は《高校時代に》（マザー・テレサについて）〔初めて〕聞いた。

> ●〈前置詞＋名詞〉は副詞の働きや形容詞の働きをするが，この文では副詞の働きをしている。

② We watched | a video |《 about | her work |〈 in India and all over the world 〉》.
　 S　　V　　　O　　　　　　　　　　　　　①　　　　　　　　②

私たちは《《インドや世界中での》 | 彼女の仕事 | についての》 | ビデオ | を見た。

> ●この文中での 2 つの前置詞句は，それぞれ直前の名詞を修飾する形容詞の働きをしている。

③ Did you know【 that she was born（ in | a country |《 called Yugoslavia in
　　　S　　V　　　　　　　　　　　　　　　O

Europe 》）】?

あなたは【彼女が（《ヨーロッパのユーゴスラビアと呼ばれている》 | 国 | で）生まれたことを】知っていましたか。

> ●that という接続詞は that S V という形で「S が V するということ」という意味の名詞節を作る。
> ●called という過去分詞は形容詞のような働きをし，直前の名詞を修飾している。

④ **(** After (teaching) **(** at a girls' school **)** **(** for 16 years **)** **(** in Calcutta **)** **)**,
　　　　　動名詞

(one day **)** <u>God</u> <u>spoke</u> to her.
　　　　　　　S　　**V**

(（カルカッタで）(16年間)**(**女子校で**)** 教えた後**)**，（ある日）神が彼女に話しかけた。

● 前置詞 after の直後の -ing 形は，この前置詞の目的語となる動名詞。

⑤ <u>God</u> <u>told</u> <u>her</u> to serve the poorest people **(** in the world **)**.
　　S　　**V**　　**O**

神は彼女に，（世界で）最も貧しい人々のために働くように言った。

● tell ～ to V は「～に V しなさいと言う」という意味の命令を表す構文。

⑥ **(** After that day **)**, <u>she</u> <u>worked</u> **(** very hard **)** **(** to help poor people **)**.
　　　　　　　　　　　S　　**V**

(その日から**)**，彼女は（貧しい人々の手助けをするために）**(**とても熱心に**)**働いた。

● to help ..... の部分は，目的を表す副詞的用法の不定詞。

●語句

☐ all over　　　　前 ～の至る所
　　　　　　　　　で

☐ speak to ～　　　熟 ～に話しか
　　　　　　　　　ける

☐ tell ～ to V　　熟 ～に V しなさいと言
　　　　　　　　　う

☐ serve ～　　　　動 ～のために力を尽く
　　　　　　　　　す

PARAGRAPH 2

◎トピック

筆者は感動し，カルカッタの人々を助けに行った。

⑦ I was (so) moved 《 by |her kind heart| 〈 to help others 〉 and |endless love|
　 S　　V　　　　　　　　　　　　　 so ... that 構文 ①　　　　　　　　　　　②

《 for every person 》》,(that) I, (too), wanted to try |the kind of work| 《 that
　　　　　　　　　　　　　　　S′　　　　　　V′

she was doing 》.

私は 《〈他人を助ける〉 |彼女の親切な心|，そして《すべての人に対する》|無限の愛| に》と
ても心を動かされたので，私（もまた），《彼女がしてきた》|ような仕事| をやりたかった。

> ● so ... that S V は「非常に…なので S は V する」という意味で，... の部分には形
>   容詞や副詞が置かれる。
> ● work の直後の that は関係代名詞の目的格で，which と置き換えもできる。

⑧ (So) 《 with two friends 》 I flew (to Calcutta).
　 だから　　　　　　　　　　　 S　V

それで《2 人の友だちと一緒に》（カルカッタへ）飛行機で行った。

PARAGRAPH 3

◎トピック

筆者はボランティア活動があまりうまくいっていないことを発見した。

⑨ I was asked 【 to work (in a home) for |sick people| 《(who) did not have
　 S　 V　　　　　　　　　　　　　　　　　　　　　　　　　　関係代名詞の主格

|enough money| 〈 to pay for a hospital 〉》】.

私は，【（ある家で），《〈病院に払うだけの〉|十分なお金| を持っていない》|病気の人々| のた
めに働くように】頼まれた。

● ask 〜 to V「〜に V するように頼む」という構文の受動態である〜 be asked to V「〜は V するように頼まれる」という形が使われている。

具体化　　　　　　　　　　　　　　　　　　　　　so ... that 構文
⑩ But there was one problem : volunteers come and go so often that they can't
　　　　　　 V　　S　　　　　　　　　　S　　 V①　　 V②　　　　　　　　　S′

（ really ） learn a certain job or become close friends （ with the people ）.
　　　　　 V′①　　 O′　　　　 V′②　　　 C′

しかし 1 つの問題があった。ボランティアはとても頻繁に出入りするので，彼らは（実際には）ある 1 つの仕事を覚えられないし，（人々と）親しい友人になれない。

● one problem の内容が，：（コロン）以下の部分で具体的に示されている。
● so ... that S V は，「非常に…なので S は V する」という意味。

come の省略
⑪ Some people come （ for a week ）, others （ for about six months ）.
　　　 S　　　　 V　　　　　　　　　　 S

（1 週間）来る人たちもいれば，（6 か月間ほど）来る人たちもいる。

● some ......, others ..... は，「……な人もいれば，……な人もいる」という意味。

語句

☐ so ... that S V 【構】 とても…なので S は V する
☐ move 【動】 心を動かす
☐ endless 【形】 無限の
☐ fly 【動】 （飛行機で）飛ぶ
　〈fly-flew-flown〉

☐ ask 〜 to V 【熟】 〜に V するように頼む
☐ volunteer 【名】 ボランティア
☐ certain 【形】 ある
☐ close friend 【名】 親友
☐ some ......, others ..... 【構】 ……な人もいれば，……な人もいる

⑫ So |the Catholic sisters| 《 working there 》 would not tell us 【 what to do 】.
　　　　　　S　　　　　　　　　　　　　　　　　　V　　　O　　　O

それで，《そこで働いている》カトリック教会のシスターたちは，私たちに【何をしたらい
いか】言おうとしなかった。

> ● would not＋V は，過去における強い拒絶の意志を表し，「V しようとしなかった」
> という意味になる。
> ●〈疑問詞＋不定詞〉は名詞句を作ることができる。

⑬ We had to find |work| 《 to do 》 (by ourselves).
　　S　　V　　　　　O

私たちは（自分で）《やるべき》仕事を見つけなければならなかった。

> ● to do は形容詞的用法の不定詞で，直前の work という名詞を修飾している。

⑭ I helped to wash clothes and sheets, served lunch, fed |the people| 《 who were
　S　V①　　　　　　　　　　　　　　　　　V②　　　　　V③

too sick to feed themselves 》, and tried to make them happier.
　　　　　　　　　　　　　　　　　　　　　　V④

私は衣服やシーツを洗う手伝いをしたり，昼食を出したり，《あまりに具合が悪いので自分
では食べられない》人々に食事を食べさせたりした，そして彼らをもっと幸せにしようと
した。

> ● help to V「V するのを手伝う」では，to を省略することができる。
> ● too ... to V は「…すぎて V できない」という意味。
> ● make O C は，「O を C にする」という意味。

⑮ But I don't think 【 that I was helping (very much) 】.
　　S　　V　　　　　　　　　　　　　　　　O

しかし私は【自分が（たくさん）手助けしてきた】とは思わない。

> ● 接続詞 that は，that S V という形で「S が V するということ」という意味の名詞
> 節を作ることができる。

PARAGRAPH 4

◎トピック

筆者はひとりよがりな態度を改めることを決心する。

⑯ (Then)(suddenly) I thought 【 that I was not there (because I wanted
　　　　　　　　　　　　S　V　　　　　　　　　　　　　　　　O

to help)】.

(そのとき)(突然,) 私は【(手助けをしたいから)そこにいるのではないと】思った。

● not ..... because S V は「S が V するからといって……なわけではない」という
　意味になる。

⑰ But I was there 【 to learn about and experience a different culture 】.
　　　S　V

そうではなく,私は(異なる文化について学んだり経験したりするために)そこにいたので
ある。

● learn about のように,〈自動詞＋前置詞〉が 1 つの他動詞の働きをすることもでき
　る。
● learn about と experience は a different culture を共通の目的語としている。

語句

☐ Catholic　形 カトリックの
☐ by oneself　熟 自分 1 人で
☐ help (to) V　熟 V するのを手伝う
☐ sheet　名 シーツ
☐ serve　動 (食事や飲み物を)出す
☐ feed　動 食べさせる
　〈feed-fed-fed〉

☐ too ... to V　熟 あまりに…なので V できない
☐ make O C　動 O を C にする
☐ because S V　構 S が V するので
☐ want to V　熟 V したい
☐ experience　動 経験する

⑱ I was there just 〖 to make myself feel better 〗.
S V

私は〖自分自身をより気分よくするため〗だけにそこにいたのである。

● make 〜 V は「〜に V させる」という意味。このような構文で使われる動詞の原形を原形不定詞という。
● better は good の比較級で，good-better-best と活用する。

⑲ I was helping myself 〖 more than anyone else 〗.
S V O

私は〖他の誰よりもたくさん〗自分自身を助けてきた。

⑳〖 Then 〗 I thought 【(it) was not good ［ to try to help them ］】.
　　　　　　　S V　　　形式主語　　　　　　　O

〖それで〗私は，【［彼らを手助けしようとすることは］よくないと】思った。

● thought の直後には名詞節を作る接続詞の that が省略されている。
● it は形式主語で，to 以下の名詞的用法の不定詞を指している。

㉑〖 Maybe 〗 the sick people don't want your help.
　　　　　　　　S　　　　　V　　　O

〖おそらく〗病気の人々は，あなたの手助けを望んでいない。

㉒ I thought 【 that (it)'s better ［ to work 〖 together with them 〗］】.
S V　　　　　形式主語　　　　　　O

私は，【［〖彼らと一緒に〗働くこと］がよりよいことだと】思った。

● it は to 以下の名詞的用法の不定詞を指している。

㉓〖 Maybe 〗 they can teach you something, too.
　　　　　　　S　　　V　　O　　O

〖おそらく〗彼らはあなたにも大事なことを教えてくれる。

64

PARAGRAPH 5

◎トピック

ボランティア活動では，助ける人々から学ぼうとする態度が重要である。

★ テーマ ★

㉔ Volunteering is a great experience, but you should understand 【 that the
　　　S　　　　　　V　　　C　　　　　　　S　　　　V　　　　　　　　O

people 《 you are helping 》 can teach you something, too 】.
　S′　　　　　　　　　V′

ボランティア活動はすばらしい経験である，しかし，【《あなたが手助けをしている》人々
はあなたにも大事なことを教えてくれるということを】あなたは理解すべきである。

● people の直後には，目的格の関係代名詞 whom[that] が省略されている。

● 語 句

☐ make ～ V（原形不定詞）　　**動** ～に V させる　　☐ maybe　　**副** おそらく

速読トレーニング

1 I first heard / about Mother Teresa / in high school.
私は初めて聞いた / マザー・テレサについて / 高校時代に

We watched a video / about her work / in India / and all over the world.
私たちはビデオを見た / 彼女の仕事についての / インドで / そして世界中での

Did you know / that she was born / in a country / called Yugoslavia
あなたは知っていましたか / 彼女が生まれたことを / 国で / ユーゴスラビアと呼ばれている

in Europe? / After teaching / at a girls' school / for 16 years / in Calcutta,
ヨーロッパの / 教えた後 / 女子校で / 16年間 / カルカッタで

one day / God spoke to her. / God told her / to serve the poorest people
ある日 / 神が彼女に話しかけた / 神は彼女に言った / 最も貧しい人々のために働くようにと

in the world. / After that day, / she worked / very hard / to help poor people.
世界で / その日から / 彼女は働いた / とても熱心に / 貧しい人々の手助けをするために

2 I was so moved / by her kind heart / to help others / and endless love
私はとても心を動かされた / 彼女の親切な心に / 他人を助けるという / そして無限の愛

for every person, / that I, too, / wanted to try / the kind of work
すべての人に対する / なので私もまた / やってみたかった / そのような仕事を

that she was doing. / So with two friends / I flew to Calcutta.
彼女がしてきた / それで2人の友だちと一緒に / カルカッタへ飛行機で行った

3 I was asked / to work / in a home / for sick people / who did not have
私は頼まれた / 働くようにと / ある家で / 病気の人々のために / 持っていない

enough money / to pay for a hospital. / But there was one problem:
十分なお金を / 病院に払うだけの / しかし1つ問題があった

volunteers come and go / so often / that they can't really learn / a certain job
ボランティアは出入りする / とても頻繁に / なので彼らは実際には覚えられない / ある1つの仕事を

or become close friends / with the people. / Some people come / for a week,
また親しい友人にはなれない / 人々と / ある人々はやって来る / 1週間

others / for about six months. / So the Catholic sisters / working there
他の人たちは / 6か月間ほど / それでカトリック教会のシスターたちは / そこで働いている

would not tell us / what to do. / We had to find work / to do
私たちに言おうとしなかった / 何をしたらいいかを / 私たちは仕事を見つけなければならなかった / やるべき

by ourselves. / I helped / to wash clothes and sheets, / served lunch,
自分で / 私は手伝った / 衣服やシーツを洗うのを / 昼食を出し

fed the people / who were too sick / to feed themselves, / and tried
人々に食べさせた / あまりに具合が悪く / 自分では食べられない / そしてやってみた

to make them happier. / But I don't think / that I was helping very much.
彼らをもっと幸せにしようと / しかし私は思わない / たくさん手助けしてきたとは

4 Then suddenly / I thought / that I was not there
そのとき突然 / 私は思った / 私はそこにいるのではないと

because I wanted to help. / But I was there / to learn about /
手助けをしたいから　　　　そうではなく私はそこにいた　　学ぶために

and experience / a different culture. / I was there / just to make myself /
そして経験するために　　　異なる文化を　　　私はそこにいた　　　ただ自分自身を

feel better. / I was helping myself / more than anyone else. /
より気分よくするために　　私は自分自身を助けてきた　　他の誰よりもたくさん

Then I thought / it was not good / to try to help them. /
それで私は思った　　　よくないと　　　彼らを手助けしようとすることは

Maybe the sick people / don't want your help. / I thought / that it's better /
おそらく病気の人々は　　　あなたの手助けを望んでいない　　私は思った　　よりよいことだと

to work together / with them. / Maybe they can teach you / something, too. /
一緒に働くことは　　　彼らと　　　おそらく彼らはあなたにも教える　　大事なことを

⑤ Volunteering is a great experience, / but you should understand /
ボランティア活動はすばらしい経験である　　　しかしあなたは理解すべきである

that the people / you are helping / can teach you something, too.
人々は　　　あなたが手助けをしている　　あなたにも大事なことを教えるだろうということを

音読達成シート	日本語付	1	2	3	4	5	英語のみ	1	2	3	4	5

67

UNIT 5

■ 解答 ■

1	(A)	③	2	②
	(B)	④	3	①
	(C)	②	4	③, ⑥
	(D)	①		

[解説]

1 空所の前後の意味に注意して適切なものを選ぶ。

(A) 第 3 パラグラフの最後に「フェンスを登る」という場面があるので，「登るのが上手だ」という③が文に最も適合する。

(B) トーマスは止めようとしても間に合わず，結局転落してしまったのだから，「遅い」という意味の④が文に最もよく適合する。

(C) for という前置詞は「～を求めて」という意味だが，叫ぶ際に求めるものは何かと考えると，前後の状況から考えても，②しか考えられない。

(D) 職員が到着する「前」でなければ，ゴリラは子どもに触ることはできなかったはず。また，④の until は「～までずっと……」というように，そのときまでの継続的な動作を表すので，この文脈には当てはまらない。

2 「周りにフェンスがあるものは何か」と考えるとよい。文脈からは動物が飼育されている「場所」，つまり areas が最も適当。

3 lay は「横たわる」という意味の動詞 lie の過去形で，活用は lie-lay-lain。lie C で，「C の状態で横たわる」という意味になる。C（補語）の位置に置かれている still は「動かないで」という意味の形容詞。これと同じ意味は①のみ。

4 本文の内容との一致，不一致は次のとおり。

× ① 第1パラグラフの話題だが，家族全員がゴリラが一番好きだったとは書かれていない。ゴリラが大好きだと明確に書いてあるのはトーマスのみ。

× ② 第2パラグラフに，動物たちは地面を掘り起こした広い場所にいて，その周りにはフェンスがあり，人間が落ちないような工夫が施されていると書いてある。

○ ③ 第3パラグラフの内容と合致する。

× ④ 第4パラグラフには，フェンスをよじ登っているトーマスに気がつき，叫んだり助けようとしたりした人々のことが書いてある。

× ⑤ 第5パラグラフには，ゴリラが背負っていたのは「赤ちゃんゴリラ」だと書いてある。また，トーマスをドアの所までしか運んではいない。

○ ⑥ 第6パラグラフの内容と一致する。

◆選択肢の和訳

×① ケンパー家は全員がゴリラが一番好きだったので，動物園に到着したとき，ゴリラ舎へとまっすぐに向かった。

×② ブルックフィールド動物園では，動物は檻に入っていないため，人々は動物に触ることができる。

○③ 両親が小さなサリーの世話をしている間に，トーマスはフェンスを登り始めた。

×④ トーマスが向こう側に転落するまで，誰もトーマスがフェンスを登っているとは気がつかなかった。

×⑤ 8歳になる母ゴリラがトーマスを拾い上げ，彼を背中に乗せ，動物園の職員の所へと連れていった。

○⑥ 人々がこの話を聞いたとき，彼らの多くは自分と母ゴリラの違いは何だろうかと思った。

PARAGRAPH Ⅰ

◎トピック

子ども連れのケンパー一家は動物園に行った。

① <u>It</u> <u>was</u> <u>a hot summer day</u> （ in Chicago ）.
  S V   C

（シカゴでは）暑い夏の日だった。

> ● It は天気などを表す場合に使われる特別な主語で，「それ」という意味にはならない。

② <u>The Kemper family</u> <u>decided</u> 【 it was a good day 《 to go to the Brookfield
      S   V   O

（that の省略）

<u>Zoo</u> 》】.

ケンパー一家は【《ブルックフィールド動物園に行くには》いい日だと】判断した。

> ● decided の直後には，名詞節を作る接続詞の that が省略されている。

③ <u>Janet</u> and <u>Kevin Kemper</u> <u>had</u> two children ：《 Thomas, 3, and Sally, 6
  S①   S②   V   O   同格（具体化）

<u>months</u> 》.

ジャネット・ケンパーとケビン・ケンパーには，《3 歳になるトーマスと 6 か月になるサリーの》2 人の子どもがいた。

> ● two children の直後の ：（コロン）は同格，具体化の働きをし，子どもたちの名前や年齢を詳しく説明する働きをしている。

④ <u>Thomas</u> <u>loved</u> 【 going to the zoo 】.
   S   V   O

トーマスは【動物園に行くのが】大好きだった。

> ● going ..... の部分は動名詞句で，loved という他動詞の目的語になっている。

⑤ He liked 【 watching all the animals 】, but he (especially) loved the gorillas.
  S V   O   S   V   O

彼は【すべての動物を見るのが】好きだったが，（特に）ゴリラが大好きだった。

- watching ..... の部分は動名詞句で，liked という他動詞の目的語になっている。
- but という接続詞が，前半の文と後半の文をつなぐ働きをしている。

PARAGRAPH ②

◎トピック

檻のない場所で飼われているゴリラを見に行った。

⑥ The Kempers went (straight) (to the gorilla exhibit).
  S   V

ケンパー一家は（ゴリラ舎へ）（まっすぐに）行った。

- straight は副詞。副詞は文の様々な箇所に挿入される。

⑦ There were six adult gorillas and a three-month-old baby gorilla.
      V   S①   S②

6匹の大人のゴリラと3か月の赤ちゃんゴリラ1匹がいた。

- 〈there＋be 動詞＋名詞〉は「存在」を表す重要構文で，「～がある，いる」という意味。

⑧ (In the Brookfield Zoo), the animals are not (in cages).
                               S   V

（ブルックフィールド動物園では）動物たちは（檻の中に）いない。

語句

☐ decide	動 判断する	☐ three-month-old	形 （年齢が）3か月
☐ especially	副 特に		の
☐ exhibit	名 展示舎	☐ cage	名 檻

⑨ They are (in │large areas│ ⟪ dug out of the ground ⟫).
 ─── ───   ────────────
  S   V

動物たちは（⟪地面を掘り起こした⟫│広い場所│に）いる。

> ● dug は dig の過去分詞形で，直前の名詞を修飾する形容詞の働きをしている。

⑩ These areas have fences (around them) (ˢⁿᵈ̂ᵃᵏᵃᵣᵃ ㏿) the animals cannot get out
  ─────────   ──── ──────   ──────────   ──────────────
     S   V   O   S   V

and people cannot fall in.
    ────── ───────────
      S   V

これらの場所には（その周りに）フェンスがある，だから，動物たちは逃げることができな
いし，人々が中に落ちることはない。

> ● them は these areas を指している。
> ● so は接続詞で，「だから，そして」という意味で，文の前後をつないでいる。

PARAGRAPH 3

◎トピック

トーマスがフェンスによじ登った。

⑪ But three-year-old boys are good climbers.
    ────────────────── ─── ─────────────
            S   V   C

しかし，3歳の男の子はよじ登るのが上手だ。

> ● 直訳すると「よい登り手だ」となるが，このように名詞をそのまま訳すと不自然な
> 場合は，「登るのが上手だ」のように意訳すればよい。

⑫ 〖 While the Kempers were watching the gorillas 〗, little Sally started to cry.
　　　　　S′　　　　　　　V′　　　　　　　　O′　　　　　　　S　　　　V

〖ケンパー一家がゴリラを見ている間に〗，幼いサリーが泣き始めた。

> ● while という接続詞は while S V という形で使い、「S が V する間に」「S が V する一方で」という意味の副詞節を作る。

⑬ Kevin took her 〖 from Janet 〗, and Janet looked 〖 in her bag 〗〖 for a bottle
　 S　　V　 O　　　　　　　　　　　　　　S　　　V

of juice 〗.

ケビンは〖ジャネットから〗彼女を受け取った，そしてジャネットは〖ジュースの瓶を探して〗〖かばんの中を〗見た。

> ● for という前置詞は「～を求めて」という意味で使われることもある。

⑭ 〖 In those few seconds 〗, Thomas climbed up the fence.
　　　　　　　　　　　　　　　　S　　　V

〖その何秒かの間に〗，トーマスはフェンスを登っていった。

PARAGRAPH 4

◎トピック

トーマスがフェンスの向こう側に落下した。

⑮ A woman saw him and shouted, "Stop him!"
　 S　　 V①　 O　　　　　　V②

ある女性が彼を見て叫んだ「彼を止めて！」

語句

☐ dig out　　　熟 掘り起こす
　〈dig-dug-dug〉
☐ fence　　　　名 フェンス
☐ get out　　　熟 逃げる

☐ fall in　　　　熟 中に落ちる
☐ climber　　　名 よじ登る人
☐ while S V　　構 S が V する間，
　　　　　　　　　　S が V する一方で

⑯ A tall man reached up 〈 to get him 〉, but it was too late.
    S   V   S V   C

背の高い男が《彼をつかもうと》手を上に伸ばしたが，遅すぎた。

> ● to get ..... の部分は副詞的用法の不定詞で，「V するために」という「目的」を表す意味で使われている。

⑰ Thomas fell down the other side 《 of the fence 》.
    S   V

トーマスは《フェンスの》反対側に落ちた。

> ● the other ~ はしばしば，one ~，the other ~ のセットで「1 つは~，またもう 1 つは~」の意味で使われ，この場合はフェンスのもう片側の側面を表している。

⑱ He fell 18 feet 〈 onto the hard concrete floor 〉.
   S V

彼は《堅いコンクリートの床の上に》18 フィート落ちた。

⑲ He lay very still, 〈 with blood on his head 〉.
   S V   C

彼は《頭から出血して》まったく動かずに横たわっていた。

> ● still には「動かないで」という意外な意味があるので注意。lie still で「動かずに横たわっている」という意味。
> ● この文で使われている with を付帯状況の with と呼び，〈with＋名詞＋形容詞句〉の形で，「~を…な状態にして」という意味になる。

⑳ Janet and Kevin shouted 〈 for help 〉.
  S①   S②   V

ジャネットとケビンは《助けを求めて》叫んだ。

㉑ People crowded **(** around the fence **)**, and someone ran **(** to get a zoo
　　S　　　V　　　　　　　　　　　　　　　　　　S　　　V

worker **)**.

人々は**《**フェンスの周りに**》**群がり，そして誰かが（動物園の職員を呼びに）走っていった。

> ● to get ..... は，副詞的用法の不定詞で，「目的」の意味で使われている。

PARAGRAPH 5

◎トピック

ゴリラがトーマスをドアの所へと運んだ。

㉒ But **(** before the zoo worker arrived **)**, a gorilla went **(** over to Thomas **)**.
　　　　　　　　　S′　　　　　　V′　　　　　S　　　V

しかし**《**動物園の職員が到着する前に**》**，1匹のゴリラが（トーマスのほうに）やって来た。

> ● この文での before は接続詞で，before S V「S が V する前に」という形で副詞
> 節を作っている。

㉓ It was Binti Jua , **《** an eight-year-old mother gorilla **》**.
　S　V　　C　　　　同格(具体化)

それは**《**8歳の母ゴリラの**》**ビンティ・ホワだった。

語 句

☐ reach	動 手を伸ばす	☐ blood	名 血
☐ onto	前 ～の上に	☐ crowd	動 群がる
☐ lie	動 横たわる	☐ get	動 つかまえる
〈lie-lay-lain〉		☐ before S V	構 S が V する前に
☐ still	形 動かない	☐ go over to ～	熟 ～の所へ行く

㉔ <u>She</u> <u>had</u> <u>her baby gorilla</u> （ on her back ）.
　S　　V　　　　O

彼女は《背中に》赤ちゃんゴリラを乗せていた。

㉕ 《 With one "arm" 》 <u>she</u> <u>picked up</u> <u>the little boy</u>.
　　　　　　　　　　S　　V　　　　O

《片「手」で》彼女はその男の子を拾い上げた。

● この文での with は「道具」を表して使われている。

㉖ <u>She</u> <u>carried</u> <u>him</u> （ carefully ）（ over to a door ），（ walking on three legs ）.
　S　　V　　O

彼女は（3 本の足で歩いて），《ドアのほうへ》彼を《慎重に》運んだ。

● over to ～ は「～のほうへと」という意味の前置詞句で「移動」を表している。
● walking ..... の部分は分詞構文で，「V しながら」の意味で使われている。

㉗ 《 There 》 <u>she</u> <u>put</u> <u>Thomas</u> down （ so a zoo worker could get him ）.
　　　　　　S　　V　　O

《そこで》《動物園の職員が彼を受け取ることができるように》彼女はトーマスを下ろした。

● so は so that が省略された形。so that S can V という形で，「S が V できるように」という「目的」を表す副詞節を作る。

PARAGRAPH 6

◎トピック

トーマスは助かり，ゴリラによる救出劇は大きな話題となった。

㉘ <u>Janet</u> and <u>Kevin</u> <u>ran</u> （ to the door ）, too.
　S①　　　S②　V

ジャネットとケビンも《ドアのほうへ》走っていった。

㉙ Thomas was （ badly ） hurt and had to go （ to the hospital ）, but （ after a
　　S　　V①　　　　　　　　　C　　　V②

few days ） he was better.
　　　　　　 S　 V　　C

トーマスは（ひどく）けがをして（病院へ）行かなければならなかった，しかし，（数日後）
彼はよくなった。

● この文での after は前置詞として使われ，直後には名詞が置かれている。

㉚ The story was （ on the evening news ）（ in Chicago ）.
　　S　　　V

その話は（シカゴで）（夕方のニュースに）出た。

㉛ Some people cheered and others cried （ when they heard it ）.
　　S　　　　V　　　　　 S　　 V　　　　　 S′　 V′　O′

（その話を聞いて）喝采した人もいたし，泣いた人もいた。

㉜ But many 《 of them 》 thought （ about that mother gorilla ） and asked
　　　 S　　　　　　　　　 V①　　　　　　　　　　　　　　　　　　　V②

themselves, "What is she doing （ in a zoo ）? What is the difference
　　O　　　　　　　　 S　 V

《 between a gorilla and me 》?"

しかし《彼らのうち》の 多く は（その母ゴリラについて）考え，自問自答した，「彼女は
（動物園で）何をしているのか。《ゴリラと私の間の》 違い は何か」と。

● between は前置詞で，between A and B で「A と B の間に」という意味を表す。
　 ここでは，between ..... の部分は直前の the difference を修飾する形容詞句とし
　 て使われている。

● 語 句

☐ pick up　　熟 拾い上げる　　　☐ hurt　　　 形 けがをした
☐ carefully　副 慎重に　　　　　 ☐ cheer　　　動 喝采する
☐ badly　　　副 ひどく　　　　　 ☐ difference　名 違い

速読トレーニング

❶ It was a hot summer day / in Chicago. / The Kemper family decided /
暑い夏の日だった　　　　シカゴでは　　　　　ケンパー一家は判断した

it was a good day / to go to the Brookfield Zoo. /
いい日だと　　　　ブルックフィールド動物園に行くには

Janet and Kevin Kemper / had two children: / Thomas, 3, /
ジャネット・ケンパーとケビン・ケンパーには　2人の子どもがいた　　3歳になるトーマス

and Sally, 6 months. / Thomas loved / going to the zoo. / He liked /
そして6か月になるサリー　トーマスは大好きだった　動物園に行くのが　　彼は好きだった

watching all the animals, / but he especially loved / the gorillas. /
すべての動物を見るのが　　しかし彼は特に大好きだった　ゴリラが

❷ The Kempers / went straight / to the gorilla exhibit. /
ケンパー一家は　　まっすぐに行った　　ゴリラ舎へ

There were six adult gorillas / and a three-month-old baby gorilla. /
6匹の大人のゴリラがいた　　　そして3か月の赤ちゃんゴリラが1匹

In the Brookfield Zoo, / the animals / are not in cages. /
ブルックフィールド動物園では　動物たちは　　檻の中にいない

They are in large areas / dug out of the ground. / These areas have fences /
動物たちは広い場所にいる　地面を掘り起こした　　これらの場所にはフェンスがある

around them / so the animals / cannot get out / and people cannot fall in. /
それらの周りに　だから動物たちは　逃げることができない　それに人々が中に落ちることはない

❸ But three-year-old boys / are good climbers. / While the Kempers /
しかし3歳の男の子は　　よじ登るのが上手だ　　ケンパー一家が

were watching the gorillas, / little Sally started to cry. /
ゴリラを見ている間に　　　幼いサリーが泣き始めた

Kevin took her from Janet, / and Janet looked in her bag /
ケビンはジャネットから彼女を受け取った　そしてジャネットはかばんの中を見た

for a bottle of juice. / In those few seconds, / Thomas climbed up the fence. /
ジュースの瓶を探して　その何秒かの間に　　トーマスはフェンスを登っていった

❹ A woman saw him / and shouted, / "Stop him!" / A tall man reached up/
ある女性が彼を見た　そして叫んだ　「彼を止めて！」　背の高い男性が手を上に伸ばした

to get him, / but it was too late. / Thomas fell down / the other side /
彼をつかもうと　しかし遅すぎた　　トーマスは落ちた　反対側に

of the fence. / He fell 18 feet / onto the hard concrete floor. / He lay /
フェンスの　彼は18フィート落ちた　堅いコンクリートの床の上に　彼は横たわっていた

very still, / with blood on his head. / Janet and Kevin / shouted for help. /
まったく動かずに　頭から出血して　　ジャネットとケビンは　助けを求めて叫んだ

People crowded / around the fence, / and someone ran / to get a zoo worker. /
人々は群がった　フェンスの周りに　そして誰かが走った　動物園の職員を呼びに

5 But before the zoo worker arrived, / a gorilla went / over to Thomas. /
しかし動物園の職員が到着する前に / 1匹のゴリラがやってきた / トーマスのほうに /

It was Binti Jua, / an eight-year-old mother gorilla. /
それはビンティ・ジュワだった / 8歳の母ゴリラの /

She had her baby gorilla / on her back. / With one "arm" / she picked up /
彼女は赤ちゃんゴリラを乗せていた / 背中に / 片「手」で / 彼女は拾い上げた /

the little boy. / She carried him / carefully / over to a door, /
その男の子を / 彼女は彼を運んだ / 慎重に / ドアのほうへ /

walking on three legs. / There / she put Thomas down / so a zoo worker /
3本の足で歩いて / そこで / 彼女はトーマスを下ろした / 動物園の職員が /

could get him. /
彼を受け取ることができるように /

6 Janet and Kevin / ran to the door, too. / Thomas was badly hurt /
ジャネットとケビンは / 同じくドアのほうへ走っていった / トーマスはひどくけがをしていた /

and had to go / to the hospital, / but after a few days / he was better. /
そして行かなければならなかった / 病院へ / しかし数日後 / 彼はよくなった /

The story / was on the evening news / in Chicago. / Some people cheered /
その話は / 夕方のニュースに出た / シカゴで / 喝采した人々もいた /

and others cried / when they heard it. / But many of them /
そして泣いた人々もいた / その話を聞いて / しかし彼らのうちの多くは /

thought about that mother gorilla / and asked themselves, /
その母ゴリラについて考えた / そして自問自答した /

"What is she doing / in a zoo? / What is the difference /
「彼女は何をしているのか / 動物園で / 違いは何か」 /

between a gorilla and me?"
ゴリラと私の間の

UNIT 6

■ 解答 ■

1	①	7	④
2	②	8	②
3	①	9	①
4	①	10	④
5	②		
6	③		

[解説]

1 each other は「お互い(に)」という意味の代名詞で，自動詞の直後に置く場合には前置詞が必要。communicate with 〜「〜と意思疎通をする」とすると意味が通る。

2 come という自動詞と the home という名詞をつなぐには前置詞が必要。② into は前置詞で，「家の中に映像が入ってくる」と考えると意味的にも通じる。その他の選択肢は主に副詞として使われるものなので不可。

3 空所の直後には名詞があり，その後には as が続いている。このような場合に使われるのは such A as B で，「B のような A」という意味になり，B の部分が A に対する具体例を示す働きをする。この形は，A such as B と置き換えることができる。

4 空所の前の This 〜 は，「このような〜」という意味で，主に直前の内容を指して使われる。直前には「遅れた情報伝達」の話が書かれているので，それに該当する time difference「時差」が答えとなる。

5 過去の事実としては，「情報がアメリカに届くのが遅かった」ので，こ

こではその反対の「情報がアメリカに届くのがもっと早かったならば」という意味の②を選択すればよい。

6 過去の事実に反する仮定をする場合には，if 節の中では過去完了形が使われる。また，現在の事実に反する仮定をする場合には，if 節の中では過去形が使われる。この文脈では過去の出来事に反する仮定なので，③ had come が正解となる。

7 下線部(7)の What は，「こと」「もの」の意味を表し，the thing which に置き換えることができる関係代名詞。同じ用法は，選択肢の中では④のみ。残りはすべて「疑問詞」の what。

◆選択肢の和訳
×① 私は何をしたらいいのかわからない。
×② あなたは何を言っているのですか。
×③ 何のために[どうして]あなたは町に行ったのですか。
○④ 彼が言ったことは本当ではなかった。

8 people は複数名詞扱いの単語なので，単数名詞の前でしか使わない each や another が people の前に置かれている選択肢は不正解。

9 ①は，第7パラグラフの本文の大テーマとそのまま合致するので正解。②は「×受け入れてもならない」，③は「×よいところを受け入れる」，④は「×他人に服すべき」の部分が第7パラグラフの内容と合致しない。

10 本文第5パラグラフでは，伝達の高速化によって人々は新しい「責任」を持つようになったと書いてある。したがって，「×自由」を持つようになったとある④が本文の内容と一致しない。

徹底精読

◎トピック

情報技術による情報伝達の高速化。

① The telephone, television, radio and telegraph all help people communicate
   S① S② S③ S④ V O

(with each other).

電話, テレビ, ラジオ, そして電報はみな, 人々が《お互いに》通信するのを手助けしている。

- each other は「お互い(に)」という意味の代名詞。communicate with him と言う場合と同様に, 前置詞の with が必要。
- help ~ (to) V は「~が V するのを助ける」という意味の重要構文。この文では to を省略し, 動詞の原形を使っている。

② **(Because of these devices)**, ideas, and |news| 《 of events 》 spread
   S① S② V

(quickly) (all over the world).

《これらの方法のおかげで》, 思想や《事件の》|ニュース| は (世界中に) (すばやく) 広まる。

- because of ~ は 2 語以上の語で 1 つの前置詞として働く句前置詞。ここでは「~のおかげで」という意味の副詞の働きをする部分を作っている。

③ **(For example)**, (within seconds), people can know |the results| 《 of |an
   S V O

election| 《 in Japan or Argentina 》 》.

《たとえば》, 《《日本やアルゼンチンでの》|選挙| の》|結果| を人々は (数秒以内に) 知ることができる。

- この文の文末の 2 つの前置詞句は, 直前の名詞を修飾する形容詞の働きをしている。

82

④ An international soccer match comes （ into the home 《 of everyone 》》
　　　　　　S　　　　　　　　　V

（ with a television set ）.

サッカーの国際試合は，（テレビがあれば）《《すべての人の》家 で）見られる。

● この文での comes は「映像が入ってくる」と考えるとよい。

PARAGRAPH 2

◎トピック

災害時の連絡も迅速である。

⑤ News 《 of such disasters 〈 as an earthquake and a flood 〉》 can bring
　　S　　　　　　A　　　　　　　　　　B　　　　　　　　　　V

help （ from distant countries ）.
O

《《地震や洪水のような》災害 の》ニュース は，（遠い国々から）援助をもたらすことがで
きる。

● such A as B は「B のような A」という意味で，A に対しての具体例を B の位置
に示すために使われる。

●語句

☐ telegraph　　图 電報
☐ communicate　動 通信する
☐ each other　　代 お互い（に）
☐ because of ~　熟 ～のおかげで
☐ device　　　图 方策
☐ idea　　　　图 思想
☐ spread　　　動 広まる
☐ within　　　前 ～以内に

☐ result　　　图 結果
☐ election　　图 選挙
☐ such A as B　熟 B のような A
☐ disaster　　图 災害
☐ earthquake　图 地震
☐ flood　　　图 洪水
☐ distant　　形 遠い

⑥ (Within hours), help is on the way.
S V

(数時間以内に), 救援に向かっている。

● be on the way は「途中である」という意味。この場合は救援隊や物資などがもう出発して向かっていることを表している。

PARAGRAPH 3

◎トピック

伝達速度の向上により世界は小さくなった。

⑦ How has this speed 《 of communication 》 changed the world?
S V O

《通信の》このスピード がどのように世界を変えてきただろうか。

● このように筆者が読者に対して問いかけている文は，重要なトピックやテーマを示している場合が多いので注意。「伝達速度の向上による世界の変化」はこの文章前半の重要トピック。

⑧ (To many people) the world has become smaller.
S V C

(多くの人々にとって), 世界はより小さくなってきている。

● to は「～にとって」という意味で使われている。

⑨ (Two hundred years ago), communication 《 between the continents 》 took a long time.
S V O

(200 年前), 《大陸間の》通信 には長い時間がかかった。

● 時間が「かかる」という場合の動詞には take が使われる。

⑩ All news was carried (on ships 《 that took weeks or even months (to
　　S　　　　　V

cross the oceans 》》).

すべてのニュースは，(《《大洋を横断するのに》何週間あるいは何か月もかかる》船 で)
運ばれた。

● that は関係代名詞の主格で，which と置き換えることもでき，先行詞の ships を
　修飾する部分を直後に続けている。

⑪ (In the seventeenth and eighteenth centuries), it took six weeks (for
　　　　　　　　　　　　　　　　　　　　　　　　　　　　形式主語
　　　　　　　　　　　　　　　　　　　　　　　　　　　S　　V　　O

news 《 from Europe 》) [to reach the Americas].

(17 世紀と 18 世紀には)，(《ヨーロッパからの》ニュース が) [アメリカ大陸に到着する]
までに 6 週間かかった。

● 〈it takes＋時間＋for ～＋to V〉は「～が V するのに 時間 がかかる」という意
　味の重要構文。〈it takes ～＋時間＋to V〉の形でも同じ。

⑫ This time difference influenced people's actions.
　　S　　　　　　　　　　V　　　　　　　O

この時間差は，人々の行動に影響を及ぼした。

語 句

☐ within　　　　前 ～以内に
☐ be on the way　熟 途中である
☐ continent　　　名 大陸
☐ it takes＋時間　構 ～が V する
　＋for ～＋to V　　　のに 時間 がかかる

☐ Americas　　　名 南北アメリカ
☐ influence　　　動 影響を及ぼす
☐ action　　　　名 行動

⑬ 〖 For example 〗, one battle or fight （ in the War of 1812 《 between
    　　　　　　　　　　S①　　　　S②

England and the United States 》） could have been avoided.
　　　　　　　　　　　　　　　　　　　　　V

〖たとえば〗,（《イギリスとアメリカの間の》1812 年戦争 における）1 つの戦いあるいは
争いは回避することができただろう。

> ● could have Vpp は，過去の事実に反して推測するような場合に使われる構文で，
> 「V することができていただろう」という意味。これはもともと仮定法で使う形だ
> が，「もしも伝達速度が速かったならば」という仮定の意味が前後の文脈に隠れてい
> ると考える。

PARAGRAPH 4

◎トピック

平和条約調印のニュースが遅かったため，戦争の終結も遅れた。

⑭ A peace agreement had （ already ） been signed.
　　　S　　　　　　　　　　　　　　　　　V

和平条約が（すでに）調印されていた。

> ● had Vpp という過去完了形は，戦いよりも「前の時点」で条約が調印されていた
> ことを表している。このように，過去完了形は過去のある時点までの完了や，過去
> よりも，もっと前の時点を表すときに使う。

⑮ Peace was made （ in England ）, but the news 《 of peace 》 took six weeks
　　S　　V　　　　　　　　　　　　　　　　　S　　　　　　　　　V　　O

（ to reach America ）.

《イギリスで》和平が制定された，しかし，その《和平の》 ニュース は（アメリカに到着す
るまでに）6 週間かかった。

⑯ **(** During this six weeks **)**, the large and serious Battle of New Orleans
S

was fought.
V

(この 6 週間の間に**)**, あの大規模で深刻なニューオーリンズの戦いが行われた。

⑰ Many people lost their lives **(** after the peace treaty had been signed **)**.
SVO

(和平条約が調印された後で**)**, 多くの人々が命を失った。

● この文での after は接続詞で, after S V の形で「S が V した後で」という意味で
使われている。

⑱ They would not have died **(** if news had come **(** faster **))**.
SVS′V′
(S2) (V2) (S1) (V1)

(もしニュースが（もっと速く）届いていたら**)**, 彼らは死ななかっただろう。

● They は前文の many people を指している。
● この文は過去の出来事に反する仮定を表す仮定法の構文。if S1 had V1 pp, S2
would have V2 pp. 「もしも S1 が V1 していたならば, S2 は V2 していたで
あろう」という形が基本形。if 節と主節の順番は逆でもよい。

語 句

☐ battle   名 戦い
☐ fight   名 争い
☐ avoid   動 回避する
☐ agreement   名 条約
☐ sign   動 調印する

☐ during   前 （特定の期間）の間
☐ serious   形 深刻な
☐ after S V   構 S が V した後で
☐ treaty   名 条約

◎トピック

通信の拡大によって生じる責任。➡ 価値観の違いを認め合う努力の必要性。

⑲ The spread 《 of communication 》 means 【 that all people 〈 of the world 〉
　　S　　　　　　　　　　　　　　　　 V　　O　　　　 S′

have a new responsibility 】.
　　　V′　　　　　O′

《通信の》広がり は,【〈世界中の〉すべての人々 が新しい責任を持つということ】を意味
する。

> ● that という接続詞は that S V という形で「S が V するということ」という意味の
> 名詞の働きをする固まり（名詞節）を作ることができる。

⑳ People 《 in different countries 》 must try (harder) 【 to understand each
　　S　　　　　　　　　　　　　　　　 V

other 】.

《異なる国の》人々 が（もっと熱心に）【お互いを理解しようと】努力しなければならない。

> ● try to V は「V しようと試みる」という意味の構文。

㉑ An example is 【 that people 《 with different religious beliefs 》 must try 【 to
　　　S　　　 V C　　 S′　　　　　　　　　　　　　　　　　　　　　　 V′　　O′

understand each other's beliefs and values 】(even if they do not accept
　　　　　　　　　　　　　　　　　　　　　　　　　　　　　　S′　　　　 V′

them)】.

1つの例は,【《異なる宗教信仰を持つ》人々 が,（たとえそれらを認めないとしても），[お
互いの信仰や価値を理解しようと] 努めなければならないということ] である。

> ● even if S V は「たとえ S が V するとしても」という意味の重要構文。
> ● they は people を，them は each other's beliefs and values を指している。

㉒ **（** Sometimes **）** their cultures are **（** quite **）** different.
　　　　　　　　　　S　　　V　　　　　　　　C

（時には**）** 彼らの文化は（まったく）異なる。

　　　　　　関係代名詞
㉓ **【** What one group considers a normal part **《** of life **》】** is strange **（** to
　　　　　　　　　　　S　　　　　　　　　　　　　　　　　　　　　　　V　　　C

another culture **）**.

【1つのグループが **《**生活の**》** 普通の部分 であると考えるもの**】** が，**《**別の文化には**》** 奇妙
である。

● what は「……なこと，もの」という意味で名詞の働きをする固まりを作る。このよ
うな what のことを関係代名詞の what と呼び，the thing(s) which に書き換え
ることができる。what の中に，「こと」「もの」の意味の先行詞，the thing(s)が
含まれていると考えるとよい。

語 句

☐ spread	名 広まり	☐ accept	動 認める
☐ mean	動 意味する	☐ consider	動 考える
☐ responsibility	名 責任	☐ normal	形 普通の
☐ religious	形 宗教の	☐ strange	形 奇妙な
☐ belief	名 信仰		
☐ value	名 価値		
☐ even if S V	接 たとえ S が V する としても		

◎トピック

文化の違いから誤解が生じる恐れがある。

㉔ **(** In some cases **)**, a normal part **《** of one culture **》** might be bad or
⎯⎯⎯⎯⎯⎯ S V C①

impolite **(** to other people **)**.
⎯⎯⎯
C②

(場合によっては**)**, **《**1 つの文化の**》** 普通の部分 が（他の人々に対しては）悪かったり失礼
なことになるかもしれない。

- in ... case は,「…な場合において」という意味で使われる重要表現。
- might は「……かもしれない」という意味の助動詞。may とほぼ同じような意味。

㉕ This kind of difference can cause misunderstanding.
⎯⎯⎯⎯⎯⎯⎯⎯⎯⎯ ⎯⎯⎯⎯⎯⎯⎯ ⎯⎯⎯⎯⎯⎯⎯⎯⎯⎯⎯
  S V O

この種の違いは誤解を引き起こす可能性がある。

- ... kind of ～ は「…な種類の～」という意味の重要表現。

PARAGRAPH 7

◎トピック

文化をあるがままに認める必要性。★ テーマ ★

㉖ People must learn 【 not to judge others, but to accept them （ as they are ）】.
S　　　　V　　　　O　　　　　　　　　　　　　　　　　　　　　　　　　　　　　S′　V′

人々は【他人を判断するのではなく，《ありのままに》受け入れること】を学ばなければならない。

- not A but B は「A ではなくて B」という意味で，A と B の部分には名詞的用法の不定詞が置かれている。
- as という接続詞は as S V の形で「S が V するように」という意味で使うが，この文では「それらがそうであるように」→「それらがあるがままに」という意味になる。

㉗ （ Then ） understanding 《 between cultures 》 can be better.
　　　　　　　　S　　　　　　　　　　　　　　　V　　　C

（そのとき），《文化間の》 理解 がよりよくなるだろう。

- between は 2 者の「間」を表す前置詞で，ここでは between ..... の前置詞句が，understanding という名詞を修飾している。

㉘ Misunderstandings can be avoided.
　　　　S　　　　　　　　V

誤解は避けられる。

- can のような助動詞の直後には原形動詞が置かれる。be 動詞の場合には原形の be が置かれる。

語句

☐ in ... case　　熟　…な場合において
☐ normal　　　形　普通の
☐ impolite　　　形　失礼な

☐ cause　　　　　動　引き起こす
☐ misunderstanding　名　誤解
☐ as they are　　　熟　ありのままに

速読トレーニング

❶ The telephone, television, radio / and telegraph /
電話, テレビ, ラジオ　　　　そして電報は

all help people communicate / with each other. / Because of these devices,
みな人々が通信するのを手助けしている　　お互いに　　　これらの方法のおかげで

ideas, and news of events / spread quickly / all over the world. /
思想や事件のニュースは　　すばやく広まる　　世界中に

For example, / within seconds, / people can know / the results of an election
たとえば　　　数秒以内に　　　人々は知ることができる　　選挙の結果を

in Japan or Argentina. / An international soccer match / comes /
日本やアルゼンチンでの　　サッカーの国際試合は　　　　来る

into the home of everyone / with a television set. /
すべての人の家の中に　　　テレビがあれば

❷ News of such disasters / as an earthquake and a flood /
災害のニュースは　　　　　地震や洪水のような

can bring help / from distant countries. / Within hours,
援助をもたらすことができる　遠い国々から　　　　数時間以内に

help is on the way. /
救援に向かっている

❸ How / has this speed of communication / changed the world? /
どのように　　この通信のスピードが　　　　　世界を変えてきたか

To many people / the world / has become smaller. / Two hundred years ago,
多くの人々にとって　世界は　　より小さくなってきている　　200年前

communication between the continents / took a long time. / All news /
大陸間の通信には　　　　　　　　　　長い時間がかかった　すべてのニュースは

was carried on ships / that took weeks / or even months / to cross the oceans. /
船で運ばれた　　　　何週間もかかって　あるいは何か月も　　大洋を横断するのに

In the seventeenth / and eighteenth centuries, / it took six weeks / for news /
17世紀　　　　　　そして18世紀には　　　　6週間かかった　　ニュースが

from Europe / to reach the Americas. / This time difference /
ヨーロッパからの　アメリカ大陸に到着するまでに　この時間差は

influenced people's actions. / For example, / one battle / or fight /
人々の行動に影響を及ぼした　　たとえば　　1つの戦い　あるいは争いは

in the War of 1812 / between England and the United States /
1812年戦争における　　イギリスとアメリカの間の

could have been avoided. /
回避することができただろう

❹ A peace agreement / had already been signed. / Peace was made /
和平条約が　　　　すでに調印されていた　　　和平が制定された

in England, / but the news of peace / took six weeks / to reach America. /
イギリスで / しかしその和平のニュースは / 6週間かかった / アメリカに到着するまでに

During this six weeks, / the large and serious Battle of New Orleans /
この6週間の間に / 大規模で深刻なニューオーリンズの戦いが

was fought. / Many people / lost their lives / after the peace treaty /
戦われた / 多くの人々が / 命を失った / 和平条約が

had been signed. / They would not have died / if news had come / faster. /
調印された後で / 彼らは死ななかっただろう / もしニュースが来ていたら / もっと速く

5 The spread of communication / means / that all people of the world /
通信の広がりは / 意味する / 世界中のすべての人々が

have a new responsibility. / People in different countries /
新しい責任を持つということを / 異なる国の人々が

must try harder / to understand / each other. / An example /
より熱心に努力しなければならない / 理解しようと / お互いを / 1つの例は

is that / people / with different religious beliefs /
このようなことである / 人々が / 異なる宗教信仰を持つ

must try to understand / each other's beliefs / and values / even if /
理解しようと努めなければならない / お互いの信仰を / そして価値を / たとえ

they do not accept them. / Sometimes / their cultures / are quite different. /
それらを認めなくても / 時には / 彼らの文化は / まったく異なる

What one group considers / a normal part of life / is strange /
1つのグループが考えるものが / 生活の普通の部分であると / 奇妙である

to another culture. /
別の文化には

6 In some cases, / a normal part / of one culture / might be bad /
場合によっては / ある普通の部分が / 1つの文化の / 悪いことになるかもしれない

or impolite / to other people. / This kind of difference /
または失礼になるかもしれない / 他の人々に対しては / この種の違いは

can cause misunderstanding. /
誤解を引き起こす可能性がある

7 People must learn / not to judge others, / but to accept them /
人々は学ばなければならない / 他人を判断するのではなく / 彼らを受け入れることを

as they are. / Then / understanding between cultures / can be better. /
ありのままに / そのとき / 文化間の理解が / よりよくなるだろう

Misunderstandings can be avoided.
誤解は避けられる

音読達成シート	日本語付	1	2	3	4	5	英語のみ	1	2	3	4	5

UNIT 7

解答と解説

問題：別冊 p.23〜27

■ 解答 ■

1	A	③	3	(a)	③
	B	④		(b)	④
	C	①		(1)	③
	D	②		(2)	②
2	ア	②	4	(3)	③
	イ	③		(4)	④
	ウ	①		(5)	③

[解説]

1 正解の熟語表現は次のとおり。

(A) compare A to[with] B「A と B を比較する」

(B) be aware of 〜「〜を意識している」

(C) as a result「その結果」

(D) respect for 〜「〜への敬意」

2 空所の前後の意味に注意して，適切なものを選ぶ。

ア．ここではアメリカ人全体の国民性を述べているので，適合するのは②のみ。

◆選択肢の和訳

×① 継続的に　　　○② 一般的に　　　×③ 適切に　　　×④ かなり

イ．instead of praising their children の of 以下が省略されたと考えるとよい。

◆選択肢の和訳

×① だから　　　×② 最初に　　　○③ 代わりに　　　×④ それから

94

ウ．前の文が以下に続く文の理由となっているので，「順接」の意味の①が正解。直後にカンマがあるので，②や④の接続詞は入らない。

◆選択肢の和訳
○① それゆえに　　×② それ以来　　×③ それに加えて　　×④ なぜならば

3 下線部の前後の意味に注意して，適切なものを選ぶ。

(a) 学校で最優等生になるのは「子ども」としか考えられない。

◆選択肢の和訳
×① 他のクラス　　×② 日本の親　　○③ 彼らの子ども　　×④ 成功

(b) A rather than B の A の部分に置かれている a manager との対比関係に気づけば，この名詞の反復を避けて，one が使われていると推測できる。

◆選択肢の和訳
×① 従業員　　×② 専門家　　×③ 人々　　○④ 経営者

4 下線部の意味に注意して，適切なものを選ぶ。

(1) この場合の「モーターオイル」は比喩表現で，「人間関係を円滑にするもの」の意味で使われている。

◆選択肢の和訳
×① アメリカでは，人々は人をほめるときはとても流 暢に話す。
×② アメリカでは，人々の話は互いに論じ合う場合，情熱に満ちている。
○③ アメリカでは，人々は関係がよりよくなるので，人の業績をほめることが大切だと信じている。
×④ アメリカでは，人々は運転の経験からオイルの価値を知る。

(2) 「家の中でも外でも」は，言い換えると「どこでも」である。

◆選択肢の和訳
×① アメリカ人の子どもたちは，いつでも親たちに尊敬されている。
○② アメリカ人の親たちは，どこでも彼らの子どもたちをほめる。
×③ アメリカ人の祖父母たちは，どこでも彼らの孫たちを甘やかす。
×④ アメリカ人の親たちは，いつでも彼らの子どもたちを叱る。

(3) この文脈では，typical「典型的な」は，common「共通した」とほぼ同じ意味である。

◆選択肢の和訳
×① 学生たちが彼らの教師をほめる際，彼らはこのような表現を使う。
×② 教師は学生たちにこのような表現を学ぶように求めた。
○③ 教師は彼らの学生をほめる際，このような共通の表現を使う。
×④ 教師が学生たちに遊んでほしいと思う際，彼らはこのような表現を使う。

(4) この部分を端的に言えば，「お世辞はダメだ」ということ。これに合うのは④のみ。

◆選択肢の和訳
×① 私たちは，人々によって私たちに与えられたあらゆる賞賛やほめ言葉を信じたほうがよい。
×② 不誠実な賞賛は他人に尊重される。
×③ お世辞や不快感や不確実性は，ほめ言葉を与えるいくつかの方法である。
○④ あなたに気に入られようと話された場合，賞賛やほめ言葉は信 憑 性がなくなる。

(5) この部分を端的に言えば,「アメリカ人は周りをうまくほめようとする」ということ。これに適合するのは③のみ。

◆選択肢の和訳

×① アメリカ人は周りに人がいるときには,人を賞賛したりほめたりしない。

×② アメリカ人は周りにいる人々から,賞賛やほめ言葉を求める。

○③ アメリカ人は周りにいる人々を賞賛したり,ほめたりしようと努める。

×④ アメリカ人は世界中からやってきた人々に賞賛やほめ言葉を与えたがる。

PARAGRAPH 1

◎トピック

アメリカ人は人をほめるのが上手である。➡ 社会の潤滑剤。★ テーマ ★

① "Oh, you speak English (very well)," a member 《 of your American host
       S   V   O   S

family 》tells you.
        V   O

「ああ，あなたは（とても上手に）英語を話しますね」，と《アメリカのホストファミリーの》
1人 があなたに言う。

● "……" の部分は人のセリフをそのまま引用した部分。

② (Generally), Americans are very good (at 【 making compliments 】).
                    S   V   C   動名詞

《一般的に》，アメリカ人は（【ほめ言葉を言うこと】が）大変得意である。

● at の直後の -ing 形は動名詞。

③ It is said 【 that (in America) compliments are like motor oil 】.
   S V   S'   V'
   形式主語

【（アメリカでは），ほめ言葉は潤滑油のようなものである】と言われている。

● It は that 以下の名詞節を指す形式主語。
● that S V は「S が V するということ」という意味の名詞節を作る。
● like は「〜のような」という意味の前置詞。

④ They keep American society running (smoothly).
   S   V   O   C

ほめ言葉はアメリカ社会を（スムーズに）動かしている。

● keep 〜 running は「〜をずっと動かしておく」という意味。

PARAGRAPH 2

◎トピック

アメリカ人の親は子どもをよくほめる。 ⟷ 日本人の親は子どもの文句を言う。
対比

⑤ American parents praise their children （ both inside and outside the home ）.
　　　S　　　　　　　V　　　　O

アメリカ人の親は《家の中でも外でも》子どもたちをほめる。

⑥ They will （ proudly ） tell their friends and neighbors （ about their son's or
　　S　　　　V　　　　　　　　O①　　　　　　O②

daughter's achievements ）.

彼らは（息子や娘の功績について）友人や隣人に《誇らしげに》言うだろう。

● They は American parents を指している。

⑦ Compare this （ to Japan, 《 where parents （ seldom ） praise their children
　　V　　　O　　　　　　　　　　　S′　　　　　　　V′

（ in front of other people ）》）.　　関係副詞

このことと《（他人の前では）親が（めったに）自分の子どもをほめない》日本 とを比べて
みてください。

● この文は動詞の原形で始まる命令文で，読者に対して呼びかけている。
● this は「アメリカ人の親が子どもをほめること」を指す。
● where は関係副詞で，先行詞の Japan を where 以下の節が修飾している。

語 句

☐ be good at ～	熟 ～が得意だ	☐ neighbor	名 隣人
☐ compliment	名 ほめ言葉	☐ achievement	名 功績
☐ like	前 ～のような	☐ compare A to B	熟 AとBを比較
☐ praise	動 ほめる		する
☐ both A and B	熟 AとBの両方	☐ seldom	副 めったに……
☐ proudly	副 誇らしげに		ない

⑧ **(** Instead **)**, <u>Japanese parents</u> **(** often **)** <u>complain</u> **(** about their youngsters **)**
　　　　　　　　　S　　　　　　　　　　　　　　　　V

(even if <u>they</u> <u>are</u> the best students **(** in their class **)** **)**.
　　　　　　　S′　V′

(その代わりに**)**，日本の親は**(**たとえ（クラスで）最優秀の生徒であっても，**)(**よく**)(**自分たちの子どもについて**)** 不満を漏らす。

> ● instead は「その代わりに」という意味の副詞で，この場合は「子どもをほめる代わりに」という意味。

PARAGRAPH 3

◎トピック

アメリカ人の教師は生徒をよくほめる。➡ 自信を育てる。

⑨ <u>American teachers and professors</u> <u>praise</u> <u>their students</u> **(** frequently **)(** both
　　　S①　　　　　　　　　　S②　　　　V　　　　O

in class and outside of class **)**.

アメリカ人の教師や教授は（授業中でも授業以外でも）**(**ひんぱんに**)** 生徒をほめる。

> ● both A and B の A と B の部分には，名詞以外の要素も置くことができる。

⑩ "<u>You</u> <u>did</u> <u>an excellent job!</u>"
　　S　V　　　　O

「君は大変よくやった！」

⑪ "How smart!"

「なんて利口なんだ！」

> ● "How ..." は「なんと」という意味で，驚きの気持ちを表す。

100

⑫ "I'm very <u>proud</u> **(of you)**!"
　　S V　　　C

「私は**《君を》**とても誇りに思う！」

⑬ "Nice work!"

「よくやった！」

⑭ "Well done!"

「上出来だ！」

⑮ "Perfect ten!"

「満点だ！」

⑯ "You <u>hit</u> <u>the nail on the head</u>!"
　　S　V　　　　O

「まさにその通りだ！」

⑰ <u>These</u> <u>are</u> |some typical expressions| 《 <u>teachers</u> <u>use</u> **(** when <u>they</u> <u>want</u> 【 to
　　S　　V　　　　　C　　　　　　　　S′　　V′　　　　　　S′　　V′

praise their students 】 **)** 》.

これらは，《《【生徒をほめ】たいときに》教師が使う》|いくつかの典型的な表現| である。

- ● **These** は直前のいくつかのほめ言葉を指す。
- ● expression の直後に which（関係代名詞の目的格）が省略されている。

● 語 句

☐ instead	副 その代わりに	☐ outside of 〜	熟 〜の外で
☐ complain	動 不満を漏らす	☐ smart	形 利口な
☐ youngster	名 子ども	☐ be proud of 〜	熟 〜を誇りに思う
☐ even if S V	接 たとえ S が V だとしても	☐ hit the nail on the head	熟 ずばり的を射る
☐ professor	名 教授	☐ typical	形 典型的な
☐ frequently	副 ひんぱんに	☐ expression	名 表現

⑱ Most American teachers are aware (of the importance 《 of building self-
　　　　S　　　　　　　　　V　　C

esteem and confidence 【 in young people 》》).

ほとんどのアメリカ人教師は，（《《（若者たちの中に）自尊心や自信を築くことの》重要性
に）気づいている。

- ● be aware of ～ は「～に気づいている」という意味の重要表現。
- ● of の直後の building は動名詞。

PARAGRAPH 4

◎トピック

アメリカでは，経営者が社員をほめることが奨励される。➡ 協力関係の育成。

⑲ 【 In business also 】, praise and compliments are an important part 《 of
　　　　　　　　　　　　S①　　　　　S②　　　V　　C

communication 〈 between management and worker 〉》.

（ビジネスでもまた），賞賛とほめ言葉は《《経営者と従業員との間の》コミュニケーション
の》重要な部分である。

- ● of と between で始まる前置詞句は，それぞれ形容詞の働きをし，直前の名詞を修
  飾している。

　　　　　　　　　　　　　　　　　　　　　　　　　┌──that の省略
⑳ Employees lose morale 【 when they feel 【 their work isn't valued 】).
　　S　　　V　　O　　　　　S′　V′　　　　　　O′

従業員は（【自分たちの仕事が尊重されていない】と感じると）勤労意欲を失う。

- ● when は「S が V するとき」という意味の副詞節を作る接続詞。
- ● feel の直後には，名詞節を作る接続詞の that が省略されている。

102

㉑ **(** As a result **)**, <u>work quality</u> <u>can decrease.</u>
　　　　　　　　　　　　 S　　　　　　 V

(結果として**)**，仕事の質が低下することがある。

㉒ **(** Therefore **)**, <u>management training courses</u> <u>stress</u> the importance **(** of
　　　　　　　　　　　　 S　　　　　　　　　　　 V　　　　 O

giving praise **(** for good work **))**.

(それゆえ**)**，経営者養成コースは，**(**（いい仕事に対して）賞賛を与えることの**)** 重要性 を
強調する。

● therefore「それゆえに」という副詞は，前の文と後ろの文を順接でつなぐ。

㉓ <u>Workers</u> <u>are</u> more <u>likely</u> to cooperate with a manager **(** (who) gives praise
　 S　　　 V　　　　 C　　　　　　　　　　　　　　　　　　　　 関係代名詞の主格

and encouragement **)**, **(** rather than one **(** who complains **))**.
　　　　　　　　　　　　　　　　　　 (= a manager)

従業員はおそらく **(**（文句を言う）経営者 よりもむしろ**)**，**(**ほめてくれたり励ましてくれた
りする**)** 経営者 に協力しようとするだろう。

● one は a manager の反復を避けて使われている代名詞。
● A rather than B「B というよりむしろ A」という構文の A にあたるのが a manager，B にあたるのが one。

● 語 句

☐ be aware of ～	熟 ～に気づいている	☐ quality	名 質
☐ importance	名 重要性	☐ can	助 ……でありうる
☐ self-esteem	名 自尊心	☐ decrease	動 減少する
☐ confidence	名 自信	☐ therefore	副 それゆえに
☐ praise	名 賞賛	☐ stress	動 強調する
☐ important	形 重要な	☐ be likely to V	熟 おそらく V す
☐ management	名 経営者		るだろう
☐ employee	名 従業員	☐ cooperate	動 協力する
☐ morale	名 勤労意欲	☐ encouragement	名 励まし
☐ value	動 尊重する	☐ A rather	副 B よりも
☐ as a result	熟 結果として	than B	むしろ A

PARAGRAPH 5

◎トピック

ほめ言葉は信用できるものでなければならない。⟷ お世辞は好まれない。

対比

㉔ (Of course), praise and compliments must be believable.
  S① S② V C

(もちろん)，賞賛やほめ言葉は信用できるものでなければならない。

- must のような助動詞の直後には動詞の原形が置かれるが，be 動詞の場合は原形の "be" が置かれる。

㉕ |Insincere praise| , 《 also known (as flattery)》, causes discomfort and
  S V O①

uncertainty.
O②

《《お世辞として》も知られている》|誠意のない賞賛| は，不快感や不安を招く。

- known のような過去分詞形は形容詞のような働きをし，「される」という受動の意味で直前の名詞を修飾することができる。

㉖ People wonder 【 why the person is giving empty praise 】 and they become
  S V O S V

suspicious.
C

人々は【なぜその人は口先だけの賞賛をするのか】と不思議に思い，疑い深くなる。

- このような疑問詞に続く節は名詞の働きをする「名詞節」になることができる。

㉗ They might even lose |respect| 〈 for |the person| 《 giving the compliment 》〉.
  S V O

人々は《《ほめ言葉を言う》|人| に対して》|尊敬| すらしなくなるかもしれない。

- giving のような -ing 形は「する，している」という能動的な意味で，直前の名詞を修飾することができる。

PARAGRAPH **6**

◎トピック

アメリカ人は適切に人をほめることに気を配る。

㉘（ Therefore ）, <u>Americans</u> <u>are</u>（ particularly ）<u>mindful</u>（ about 〖 giving
　　　　　　　　　　S　　　V　　　　　　　　　　　　　C

appropriate praise and compliments to |the people|〈 around them 〉〗）.

〔（それゆえ）, アメリカ人は,（〖〈自分の周りの〉|人々| に対して適切な賞賛やほめ言葉を言
うこと〗については）（特に）気を配る。

● giving で始まる動名詞の句は文末まで。

㉙ <u>Mark Twain</u>，《 the great nineteenth century American writer 》,（ once ）<u>said</u>,
　　S　　　　　同格, 具体化　　　　　　　　　　　　　　　　　　　　　V

"<u>I</u> <u>can live</u>（ for two months ）（ on a good compliment ）."
　S　　V

《19世紀の偉大なアメリカの作家である》マーク・トウェインは,（かつて）「私は（2か月
間）は（うまいほめ言葉に頼って）生きていける」と言った。

● Mark Twain の直後のカンマは同格の働きをし, 彼が具体的にどのような人物だっ
たのかを補足している。

語句

☐ believable	形 信用できる	☐ suspicious	形 疑い深い
☐ insincere	形 誠意のない	☐ even	副 ……すら,
☐ flattery	名 お世辞		……（で）さえ
☐ cause	動 招く	☐ respect	名 尊敬
☐ discomfort	名 不快感	☐ particularly	副 特に
☐ uncertainty	名 不安	☐ mindful	形 気を配って
☐ wonder	動 疑問に思う	☐ appropriate	形 適切な
☐ empty	形 口先だけの	☐ live on ~	熟 ~に頼って生きる

速読トレーニング

① "Oh, / you speak English / very well," / a member /
　ああ　　　あなたは英語を話す　　とても上手に　　1人が

of your American host family / tells you. / Generally, /
あなたのアメリカのホストファミリーの　　あなたに言う　　一般的に

Americans are very good / at making compliments. / It is said
アメリカ人は大変得意である　　ほめ言葉を言うことが　　次のように言われている

that in America / compliments are like motor oil. / They keep
アメリカでは　　ほめ言葉は潤滑油のようなものであると　　ほめ言葉は保っている

American society / running smoothly. /
アメリカ社会が　　スムーズに動くように

② American parents / praise their children / both inside /
アメリカ人の親は　　子どもたちをほめる　　中でも

and outside the home. / They will proudly tell / their friends / and neighbors /
家の外でも　　彼らは誇らしげに言うだろう　　友人に　　そして隣人に

about their son's / or daughter's achievements. / Compare this / to Japan, /
自分の息子の　　あるいは娘の功績について　　このことを比べてみなさい　　日本と

where parents seldom praise / their children / in front of other people. /
親がめったにほめない　　自分の子どもたちを　　他人の前では

Instead, / Japanese parents / often complain / about their youngsters / even if /
その代わりに　　日本の親たちは　　よく不満を漏らす　　自分の子どもたちについて　　たとえ

they are the best students / in their class. /
彼らが最優秀の生徒でも　　クラスで

③ American teachers / and professors / praise their students / frequently /
アメリカ人の教師は　　そして教授は　　生徒をほめる　　ひんぱんに

both in class / and outside of class. / "You did an excellent job!" /
授業中でも　　授業以外でも　　「君は大変よくやった！」

"How smart!" / "I'm very proud of you!" / "Nice work!" / "Well done!" /
「なんて利口なんだ！」　　「私は君をとても誇りに思う！」　　「よくやった！」　　「上出来だ！」

"Perfect ten!" / "You hit the nail on the head!" /
「満点だ！」　　「まさにその通りだ！」

These are some typical expressions / teachers use / when they want to praise /
これらはいくつかの典型的な表現である　　教師が使う　　彼らがほめたいときに

their students. / Most American teachers / are aware / of the importance /
生徒たちを　　ほとんどのアメリカ人教師は　　気づいている　　重要性に

of building self-esteem / and confidence / in young people. /
自尊心を築くことの　　そして自信を　　若者たちの中に

④ In business / also, / praise and compliments / are an important part /
ビジネスにおいて　　もまた　　賞賛とほめ言葉は　　重要な一部である

of communication / between management and worker. /
コミュニケーションの　　　　経営者と従業員との間の

Employees lose morale / when they feel / their work isn't valued. /
従業員は勤労意欲を失う　　　彼らが感じるとき　　　自分たちの仕事は尊重されていないと

As a result, / work quality / can decrease. / Therefore, /
結果として　　　仕事の質が　　　低下することがある　　それゆえ

management training courses / stress the importance / of giving praise /
経営者養成コースは　　　　　　重要性を強調する　　　　賞賛を与えることの

for good work. / Workers are more likely / to cooperate / with a manager /
いい仕事に対して　　従業員たちはおそらくしようとするだろう　　協力を　　　　経営者に

who gives praise and encouragement, / rather than one who complains. /
ほめたり励ましたりしてくれる　　　　　　　文句を言う経営者よりもむしろ

5 Of course, / praise and compliments / must be believable. /
もちろん　　　　賞賛とほめ言葉は　　　　信用できるものでなければならない

Insincere praise, / also known as flattery, / causes discomfort and uncertainty. /
誠意のない賞賛は　　お世辞としても知られているが　　　不快感や不安を招く

People wonder / why the person / is giving empty praise /
人々は不思議に思う　　なぜその人は　　　口先だけでほめるのか

and they become suspicious. / They might even lose respect / for the person /
そして疑い深くなる　　　　彼らは尊敬すらしなくなるのかもしれない　　人に対して

giving the compliment. /
ほめ言葉を言うような

6 Therefore, / Americans are particularly mindful /
それゆえ　　　　アメリカ人は特に気を配る

about giving appropriate praise / and compliments / to the people /
適切な賞賛を言うことを　　　　そしてほめ言葉を　　　人々に

around them. / Mark Twain, / the great nineteenth century /
自分たちの周りの　　マーク・トウェインは　　　偉大な19世紀の

American writer, / once said, / "I can live / for two months /
アメリカの作家であるが　　かつて言った　　私は生きることができる　　2か月間

on a good compliment."
うまいほめ言葉に頼って

UNIT 8

■ 解答 ■

1	A	2	ア	3	success
4	ア				

5	ボブ・マーリーの音楽は，ジャマイカ人のレゲエミュージシャンだけでなく，世界中のポピュラーミュージシャンにも大いに役立った。

6	ウ	7	soon	8	was shot
9	when he was	10		ウ	

[解説]

1　(A)に入るのは，前置詞で「~として」という意味を持つ as。be known as ~ は「~として知られている」という意味の重要熟語。be known for ~「~で知られている」，be known to ~「~に知られている」，be known by ~「~によってわかる」と併せて覚えておきたい。(B)(C)に入るのは，前置詞で「~のように」という意味を持つ like。as が「ように」という意味で使われるのは，直後に S V（節）が置かれる接続詞としての用法なので，(B)(C)には当てはまらない。

2　grow up は「成長する」という意味の自動詞で，受動態にはできない。bring up は「~を育てる」という意味の他動詞。ここでは両方の空所の直後には目的語はなく，意味の上からも，「成長した」という意味になると推測できるので，grew up が正解。

3　succeed は「成功する」という意味の動詞。前置詞 of の直後に置かれるのは名詞だと考えられるので，「成功」という意味の名詞，success にすればよい。

4 前後の文脈から，ボブは工場で働く以上の夢を持っていたと考えられる。これは「工場で働くことは十分ではない」と言い換えられる。

◆選択肢の和訳
　　○ア．ボブは工場で働くことは彼にとって十分であるとは思わなかった
　　×イ．ボブは工場で働くことにもっと時間を費やしたかった
　　×ウ．ボブは複数の夢が実現してほしいと思った
　　×エ．ボブは人気歌手になり，また同時に工場で働きたいと思った

5 not only A but also B「A だけでなく B も」の構文をしっかりと見抜くことが重要。helped の部分は，「……音楽は，……ミュージシャンにも役立った」と訳すと，自然な文になる。

6 this は主に直前の内容を指す代名詞。この場合も「多くのポップスバンドがレゲエのリズムを取り入れ始めた」という直前の内容を指している。

7 下線部(5)の「時間がなかった」というのは，すなわち，「有名になってから死ぬまでの期間が短かった」ということ。soon after .....「……の後すぐに」という表現を使うと，「有名になってからすぐに死んだ」という，本文と同じ意味を表現することができる。

8 shoot は，shoot-shot-shot と活用する他動詞。主語の Marley は「撃たれる」わけだから，受動態にしなければならない。全体は過去の話なので，過去形の受動態にすればよい。

9 下線部(7)の at the age of ～ は「～歳で」という意味。接続詞の when を使って，when S V「S が V するとき」と書き換えればよい。

10 timeless とは，時間の流れと関係なく「時を超越した」という意味。選択肢の中でそのような意味を示しているのはウのみ。

◆選択肢の和訳
　　×ア．彼の音楽は非常に長いので，あなたは他のことをする十分な時間はないだろう。
　　×イ．彼の音楽は非常に短いので，時間を無駄にする心配はしなくていい。
　　○ウ．彼の音楽は非常にすばらしいので，朽ちることはないだろう。
　　×エ．彼の音楽は大変すばらしいものなので，人々はそれを聴くときには時間を忘れるだろう。

徹底精読

◎トピック

レゲエ音楽を代表するボブ・マーリー。★ テーマ ★

① One 《 of the most popular and unique styles 〈 of music today 〉》 is reggae.
　　S　　　　　　　　　　　　　　　　　　　　　　　　　　　　　V　　C

《〈今日の音楽で〉 最も人気があり独特なスタイル の》 1つ はレゲエである。

> ● one は「1つのもの」という意味の代名詞で, one of ～「～の1つ」という形で
> 　使われることが多い。
> ● popular や unique のような比較的長めの形容詞や副詞を比較級や最上級にする場
> 　合には, more や most が使われる。

② Reggae started 《 on the Caribbean island 《 of Jamaica 》》 (in the 1960s).
　　S　　　V

レゲエは（1960年代に）《《ジャマイカの》 カリブの島 で》始まった。

> ● 1990s や in his sixties のように, 10の倍数に s が付くと,「～年代」「～歳代」
> 　のような意味を表すことができる。

③ The most popular and most important person 〈 in this kind of music 〉 is Bob
　　　　　　　　　　S　　　　　　　　　　　　　　　　　　　　　　　　　V　C

Marley , 《 who is known (as the "King of Reggae")》.
　　　　　　　関係代名詞の主格

〈この種の音楽において〉 最も人気があり最も重要な人物 は ボブ・マーリー であり,《彼
は《「レゲエの王様」として》知られている》。

> ● Bob Marley のような固有名詞の後に関係詞を使って補足的な説明を加える場合に
> 　は, 先行詞の直後にカンマを打たなければならない。このような用法のことを, 関
> 　係詞の非制限用法という。

PARAGRAPH **2**

◎トピック

マーリーの生い立ちから歌手になるまで。

④ 《 Like most reggae singers 》, Marley was born (into a poor black family
　　前置詞　　　　　　　　　　　 S　　　 V

《 in Jamaica 》).

《大部分のレゲエ歌手と同様に》, マーリーは（《ジャマイカの》貧しい黒人の家庭 に）生ま
れた。

● like は前置詞で,「〜と同様」という意味の副詞句を作っている。
● be born into 〜 は「〜（家庭など）に生まれる」という意味。

⑤ He grew up （ in a dangerous area ）.
　 S　 V

彼は《物騒な地域で》育った。

⑥ His only dream 《 of success 》 was 【 to become a popular singer 】.
　　 S　　　　　　　　　　　　V　　 C

《成功という》彼の唯一の夢 は【人気歌手になること】だった。

● to become ..... は「……になること」という意味の名詞的用法の不定詞。

●語句

□ popular 　 形 人気のある 　 　 □ be born into 〜 　 熟 〜に生まれる
□ unique 　 形 独特な 　 　 □ grow up 　 熟 成長する
□ style 　 名 スタイル 　 　 □ dangerous 　 形 物騒な
□ reggae 　 名 レゲエ 　 　 □ success 　 名 成功
□ Caribbean 　 形 カリブ（人）[海]の

⑦ Marley's mother wanted him to spend his life working **(** in a factory **)**, but
    S   V   O

↳ in があってもよい

Bob wanted more (for himself).
S   V   O

マーリーの母親はボブに，（工場で）働きながら生きてほしかった，しかし，彼は（自分のために）もっと多くを望んでいた。

- want ~ to V は「~に V してほしい」という意味の重要表現。
- more は名詞として使われていて，want という他動詞の目的語になっている。

⑧ He worked **(** hard **)** (at his music) and his dream **《** of becoming a
  S V   S

famous singer **》** came true.
                V   C

彼は（熱心に）（音楽に）取り組んだ，そして《有名な歌手になるという》彼の夢は実現した。

- his dream の後ろの of を同格の of といい，A of B の形で「B という A」という意味になる。この文では B の部分には動名詞が置かれている。

PARAGRAPH 3

◎トピック

マーリーの持っていた平和的信念。

⑨ Life **《** in Jamaica **》《** in the 1950s and 1960s , **〈** when Marley grew up
  S

there **〉》**, was hard, but his music is full (of hope).
           V   C   S   V C

《〈マーリーがそこで育った〉1950 年代と 1960 年代の》《ジャマイカでの》生活は，大変だった，しかし彼の音楽は（希望に）満ちている。

- when は関係副詞で，先行詞が時を表す言葉の場合に使われる。

⑩ His best known song <u>is</u> |his hit record "One Love," | 《 which tells us 【 that all
S　　　　　　　　　V　　　　　C　　　　　　　　　関係代名詞の主格

people are one 】》.

彼の最もよく知られている歌は，|彼のヒットレコード『One Love』| で，《それは【すべての
人々は１つである】と私たちに語っている》。

⑪ <u>Marley</u> （ also ） <u>believed</u> 【 that |the problems| 《 of black Jamaicans 》 <u>would</u>
S　　　　　　　　　V　　　　　O　　　　　S′

<u>come</u> to an end 】.
V′

マーリーは（また）【《黒人ジャマイカ人の》|問題| は終わりを告げるだろう】と信じていた。

● that S V は「S が V すること」という意味の名詞節を作り，believe という他動
　詞の目的語となっている。

⑫ <u>He</u> <u>was</u> |a member| 《 of |a group of Jamaicans| 〈 called Rastafarians 〉》.
S　　V　　C

彼は《〈ラスタファリアンズと呼ばれる〉|ジャマイカ人のグループ| の》|メンバー| だった。

● called は，「～と呼ばれる」という受動的な意味で直前の名詞を修飾し，形容詞の
　ような働きをしている分詞。

☐ want ～ to V　　熟 ～にVしてほ　　☐ grow up　　熟 成長する
　　　　　　　　　　　しい　　　　　☐ be full of ～　熟 ～で満ちてい
☐ spend＋時間 (in)　構 Vするのに　　　　　　　　　　る
　＋Ving　　　　　時間 を費やす　　☐ problem　　名 問題
☐ come true　　　熟 （夢などが）実　☐ come to an end 熟 終わりになる
　　　　　　　　　現する

⑬ They had │long hair│《 tied together in "dreadlocks." 》
  　S　 V 　　O

彼らは《「ドレッドヘア」でまとめて束ねられた》│長髪│をしていた。

● tied は，「結ばれた」という受動的な意味で，直前の名詞を修飾する形容詞のような働きをしている分詞。

⑭《 Like other Rastafarians 》, Marley believed【 that (one day) all black
　　　　　　　　　　　　　　　　　 S　　 V　　 O

Jamaicans would return to Africa, live (in peace) and become rich 】.
　S′　　　V′①　　　　　　　 V′②　　　　　　　　 V′③　　 C′

《他のラスタファリアンズ同様》，マーリーは，【（いつか）すべての黒人ジャマイカ人がアフリカに帰り，《平和に》暮らし，金持ちになるだろう】と信じていた。

● like は前置詞で，「〜と同じように」という意味の副詞句を作っている。
● would は will の過去形。主節の動詞 believe が過去形なので，時制を合わせて過去形になっている。

PARAGRAPH 4

◎トピック

マーリーの音楽は世界中のミュージシャンに大きな影響を与えた。

⑮ Bob Marley's music (greatly) helped not only Jamaican reggae musicians
　　　　　　S　　　　　　　　　　　　V　　 A

but also popular musicians (around the world).
　　 B

ボブ・マーリーの音楽は，ジャマイカ人のレゲエミュージシャンだけでなく，（世界中の）ポピュラーミュージシャンにも《大いに》役立った。

● not only A but also B は「A だけでなく B も」という意味。A，B の部分には，名詞以外でも様々な品詞の語句が置かれるが，A と B は品詞的に同種類のものでなければならない。

⑯ Rock star Eric Clapton had a big hit 《 when he sang Marley's song , 《 "I
　　　　S　　　　　　　　　V　　O　　　　　　　　S′　V′

Shot the Sheriff." 》》

ロックスターのエリック・クラプトンは，《《『I Shot the Sheriff』という》マーリーの歌
を彼が歌ったとき），大きなヒットを飛ばした。

● when という接続詞は「S が V するとき」という意味の副詞節を作っている。

⑰ Many pop bands , 《 such as the Police 》, (also) began to use reggae
　　　　S　　　　　　　　　　　具体例を示す　　　　　　　　　　V

rhythms (in their songs).

《ポリスのような》多くのポップスバンド 《もまた，》（彼らの歌の中に）レゲエのリズムを
使い始めた。

● A such as B は「B のような A」という意味で，A に対して B という具体例を示
　す場合に使われる。such A as B という形でも同じ意味になる。

⑱ (Because of this), reggae music became more and more popular.
　　　　　　　　　　　　　　　　S　　　　　V　　　　　　　C

（このために），レゲエ音楽はますます人気が出てきた。

● because の後ろに名詞を置く場合には，of が必要。because of 〜 は「〜のため
　に」という意味の副詞句を作ることができる。
● this は主に直前の内容を指す代名詞。
● more and more ... は「ますます…」という意味。

語句

☐ not only A　　㘔 A だけでなく
　　but also B　　　B も
☐ rhythm　　　　㐁 リズム

☐ A such as B　　㘔 B のような A
　[such A as B]
☐ because of 〜　㷈 〜のために

PARAGRAPH 5

◎トピック

マーリーの苦境と，彼が死んで残した偉業。

形式主語

⑲ (It) is too bad 【 that Marley did not have | much time | 《 to enjoy being famous 》】.
  S V   C   　　　 S′　　 V′　　　　　　 O′

【マーリーには《有名であることを楽しむための》時間 があまりなかったこと】はとても気の毒だ。

- It は形式主語で，後ろの that 節の内容を指している。
- enjoy という他動詞の目的語が「……すること」の場合，不定詞ではなく，動名詞が使われる。
- much は否定文で使われると「あまり……ない」という意味を表す。

---

⑳ Many people did not like Marley 〔 because the Jamaican government thought
  S   　　 V   O   　　　　　　　　 S′　　　　　　　 V′

【 that he and the Rastafarians were dangerous 】).
  O′ S′①　　　　 S′②　　　　　 V′　　 C′

（ジャマイカ政府は【彼とラスタファリアンズは危険である】と思っていたので，）多くの人々はマーリーを好んでいなかった。

- 接続詞の because が，because S V という形で「S が V するので」という意味の副詞節を作っている。

㉑ （ In 1976 ）, he was 〔 almost 〕 killed 〔 when his home was attacked ）.
  　　　　　　 S　 V　　　　　　　 　　 S′　　 V′

（1976 年に）（彼の家が攻撃されたとき，）彼は（危うく）殺されるところだった。

- almost ..... は nearly ..... と同じ意味で，「もう少しで……しそうになる」という意味。

116

㉒ <u>Marley</u> <u>was shot</u> 〘 in the chest and arm 〙, but <u>he</u> <u>was rushed</u> 〘 to the
　　S　　　V　　　　　　　　　　　　　　　　　　S　　　V

hospital 〙〘 in time to save his life 〙.

マーリーは〘胸と腕を〙撃たれた，しかし彼は急いで〘病院へ〙運ばれ，〘間に合って命が
助かった〙。

● in time to V は「V するのに間に合って」という意味の重要構文。

㉓ 〘 Later 〙, <u>Marley</u> <u>fell</u> <u>ill</u> and <u>died</u> 〘 of cancer 〙〘 in 1981 〙〘 at the age of 36 〙.
　　　　　　　　S　　　V①　C　　　V②

〘のちに〙マーリーは病気になり，そして〘1981 年に〙〘36 歳で〙〘ガンで〙死んだ。

● fall は fall C という形で，「C になる」という意味で使われている。

㉔ Marley's last words 《 to his son Ziggy 》 <u>were</u> "Money can't buy life."
　　　　S　　　　　　　　　　　　　　　　　V　　　　　　　　　　C

《息子ジギーへの》 マーリーの最後の言葉 は「お金で人の命は買えない」だった。

㉕ <u>Marley</u> <u>died</u> very <u>young</u> but <u>his timeless music</u> <u>continues</u> to be played and
　　S　　　V　　　　C　　　　　S　　　　　　　　V　　　　　　①

loved 〘 all over the world 〙.
　②

マーリーは大変若くして死んだ，しかし彼の時代を超えた音楽は〘世界中で〙演奏され続け，
愛され続けている。

● but は前後の文を，「しかし」の意味でつなぎ，並べる働きをしている等位接続詞。

◆ 語句

☐ attack　　　　動 攻撃する
☐ chest　　　　 名 胸
☐ rush to ~　　 動 ~にかけつける
☐ in time to V　熟 V するのに間に
　　　　　　　　　 合って

☐ fall C　　　　動 C の状態になる
　〈fall-fell-fallen〉
☐ die of ~　　　熟 ~で死ぬ
☐ cancer　　　　名 ガン
☐ timeless　　　形 時代を超えた
☐ continue　　　動 続ける

速読トレーニング

1 One of the most popular / and unique styles / of music / today
最も人気のあるうちの1つは　　　そして独特なスタイルの　　　音楽で　　今日の

is reggae. / Reggae started / on the Caribbean island / of Jamaica
レゲエである　　　　レゲエは始まった　　　　カリブの島で　　　　　　ジャマイカの

in the 1960s. / The most popular / and most important person /
1960年代に　　　　　　最も人気があり　　　　　最も重要な人物は

in this kind of music / is Bob Marley, / who is known /
この種の音楽で　　　　　ボブ・マーリーである　　　知られている

as the "King of Reggae."
「レゲエの王様」として

2 Like most reggae singers, / Marley was born / into a poor black family
大部分のレゲエ歌手と同様に　　　マーリーは生まれた　　　　貧しい黒人の家庭に

in Jamaica. / He grew up / in a dangerous area. / His only dream
ジャマイカの　　　彼は育った　　　物騒な地域で　　　　　　彼の唯一の夢は

of success / was to become / a popular singer.
成功という　　　なることだった　　　人気のある歌手に

Marley's mother wanted him / to spend his life working / in a factory,
マーリーの母親は彼に望んでいた　　　働きながら生きていくことを　　　工場で

but Bob wanted more / for himself. / He worked hard / at his music /
しかしボブはもっと多くを望んでいた　自分のために　　彼は熱心に取り組んだ　　音楽に

and his dream / of becoming a famous singer / came true.
そして彼の夢は　　　有名な歌手になるという　　　実現した

3 Life in Jamaica / in the 1950s and 1960s, / when Marley grew up there,
ジャマイカでの生活は　　　1950年代と1960年代の　　　マーリーがそこで育ったときの

was hard, / but his music / is full of hope. / His best known song
大変だった　　しかし彼の音楽は　　希望に満ちている　　彼の最もよく知られている歌は

is his hit record / "One Love," / which tells us / that all people are one.
彼のヒットレコードである　『One Love』という　私たちに語っている　すべての人々は1つであると

Marley also believed / that the problems of black Jamaicans
マーリーはまた信じていた　　　黒人ジャマイカ人の問題は

would come to an end. / He was a member / of a group of Jamaicans
終わりを告げるだろうと　　　彼はメンバーだった　　　ジャマイカ人のグループの

called Rastafarians. / They had long hair / tied together / in "dreadlocks."
ラスタファリアンズと呼ばれる　　彼らは長髪だった　　まとめて束ねられた　「ドレッドヘア」で

Like other Rastafarians, / Marley believed / that one day /
他のラスタファリアンズ同様　　マーリーは信じていた　　いつか

all black Jamaicans / would return to Africa, / live in peace
すべての黒人ジャマイカ人は　　アフリカに帰り　　　　平和に暮らし

and become rich. /
金持ちになるだろうと

4 Bob Marley's music / greatly helped /
ボブ・マーリーの音楽は　　　大いに役立った

not only Jamaican reggae musicians / but also popular musicians /
ジャマイカ人のレゲエミュージシャンだけでなく　　ポピュラーミュージシャンにも

around the world. / Rock star / Eric Clapton / had a big hit /
世界中の　　　ロックスターの　エリック・クラプトンは　大きなヒットを飛ばした

when he sang / Marley's song, / "I Shot the Sheriff." / Many pop bands, /
彼が歌ったとき　　マーリーの歌を　『I Shot the Sheriff』という　多くのポップスバンドは

such as the Police, / also began to use / reggae rhythms / in their songs. /
ポリスのような　　また使い始めた　　レゲエのリズムを　　彼らの歌の中に

Because of this, / reggae music / became more and more popular. /
このために　　　レゲエ音楽は　　ますます人気が出てきた

5 It is too bad / that Marley did not have / much time /
とても気の毒だ　　マーリーにはなかったことが　あまり時間が

to enjoy being famous. / Many people / did not like Marley /
有名であることを楽しむための　多くの人々は　マーリーを好んでいなかった

because the Jamaican government thought / that he and the Rastafarians /
ジャマイカ政府は考えたので　　　　彼とラスタファリアンズは

were dangerous. / In 1976, / he was almost killed /
危険であると　　1976年に　彼は危うく殺されるところだった

when his home was attacked. / Marley was shot / in the chest and arm, /
彼の家が攻撃されたとき　　　マーリーは撃たれた　　胸と腕を

but he was rushed / to the hospital / in time to save his life. / Later, /
しかし彼は急いで運ばれた　病院へ　　間に合って命が助かった　のちに

Marley fell ill / and died of cancer / in 1981 / at the age of 36. /
マーリーは病気になった　そしてガンで死んだ　1981年に　36歳で

Marley's last words / to his son Ziggy / were "Money can't buy life." /
マーリーの最後の言葉は　彼の息子ジギーへの　「お金で人の命は買えない」だった

Marley died very young / but his timeless music / continues to be played /
マーリーは大変若くして死んだ　しかし彼の時代を超えた音楽は　演奏され続けている

and loved / all over the world.
そして愛され　　世界中で

■ 解答 ■

1	日本社会と西洋社会の間には多くの大きな違いがある，そしてそれらのうちの1つは，真実を言うことについてである。						
2	②		3	④		4	③
5	イ	6	エ	1	6		③

[解説]

1 　文の幹は〈there＋be 動詞＋名詞〉の構文で，「～がある，いる」という意味。difference between A and B は「A と B の間の違い」という意味。and 以下の文の主語は one。述語動詞は is。telling ..... は「……について」という意味の about の目的語になっている動名詞。

2 　それぞれの表現の意味と，前後の文のつながりを考えるとよい。A に入る in fact「実際には」は，直後に意外な事実を示す場合に使われる。また，B に入る of course「もちろん」は，読者がすでに予想している当然の内容を直後に示す。C に入る in this way「このようにして」は，直前に書かれている方法や様態を示して使われる。

◆選択肢の和訳
　×① A：例えば　　　　　B：ところで　　　　C：言い換えれば
　○② A：実際には　　　　B：もちろん　　　　C：このようにして
　×③ A：もちろん　　　　B：実際には　　　　C：例えば
　×④ A：このようにして　B：言い換えれば　　C：ところで

3 　第5パラグラフの後半に，「真実を言って人を傷つけるのは礼儀正しくない」と書いてある。これが日本人が嘘を許容する理由だと考えられる。

◆選択肢の和訳
　×① 日本ではほとんどの嘘はそれほど深刻であると人々が思わないので。

×② 日本の文化では誰もが嘘をつくことを人々は知っているので。

×③ 人々は普通，誰も真実を知らないと思うので。

○④ 人々は真実を言うことはしばしば他人を傷つけることになると知っているので。

4 this idea とは「人を傷つけるような真実を言うことは失礼だ」という考え。「西洋にもこの考えは存在する」というのが下線部前半の意味。下線部の後半では，not as ... as ～ の構文によって，「日本ほどではないが」と示されている。これに適合する選択肢は③のみ。

◆選択肢の和訳

×① 西洋文化圏の人々は，嘘をつくことは間違っていると教えられているので，普通嘘をつかない。

×② 日本人はしばしば深刻な嘘を許すが，西洋文化圏の人々はよりひんぱんに深刻な嘘を許す。

○③ 西洋の人々は嘘をつくことは必ずしも悪いことであるとは思っていない，そしてこの意識は日本ではより強い。

×④ 日本人は嘘をつくときに，誰も傷つけない。そして西洋の人々もまた人を傷つけはしない。

5 動名詞を主語にして，まず Lying is natural. という骨格になる文を作る。さらに，嘘をつく目的を示す副詞的用法の不定詞句 to keep the peace を組み立て，Lying の直後に置けばよい。<u>Lying to keep the peace is natural.</u> が正解。

6 本文の内容との一致，不一致は次のとおり。

×① 第3～5パラグラフでアメリカ人でもある程度嘘をつくという事例が示されているので，always「常に」と言うことはできない。

×② 第3パラグラフに，教師がワシントンの話をする目的は「正直の大切さを教えること」と書いてあるので，本文の内容と矛盾する。

○③ 第5～6パラグラフの内容と合致する。

×④ 本文全体を通じて，このような西洋と日本の文化の衝突や誤解についてまでは述べられていない。

×⑤ 本文は西洋と日本の違いを客観的に示しているだけで，日本の習慣を変えることを求めている箇所はどこにもない。

◆選択肢の和訳

×① アメリカ人は嘘をつくのは間違っていると思っているので，常に真実を語る。

×② アメリカの教師は聞くことすべてが真実とは限らないということを示すために，ジョージ・ワシントンの物語を使った。

○③ 日本人は他人を傷つけたくない場合，嘘をつくのは時にはよいことだと考える。

×④ 日本人は時々深刻な嘘をつくので，西洋の国々の人々はまったく日本人を理解できない。

×⑤ この国際社会において，日本人は嘘をつく習慣を改めるべきである。

徹底精読

◎トピック

西洋と日本では嘘をつくことに関しての認識が異なる。

① There are many big differences ❨ between Japanese society and Western
　　　V　　S　　　　　　　　　　　　A

society ❩, and one ⟪ of them ⟫ is ❨ about 【 telling the truth 】❩.
　　　　　　B　　S　　　　V

❨日本社会と西洋社会の間には❩ 多くの大きな違いがある，そして⟪それらのうちの⟫ 1つ
は（【真実を言うこと】について）である。

- between は 2 つの物事の間を表す前置詞。
- telling ..... は about という前置詞の目的語になる動名詞。

② All Japanese know the expression , ⟪ 'Lying is sometimes good,' or *Uso mo*
　　S　　　　V　　　O　　　　同格

hoben ⟫.

日本人は皆，⟪「嘘をつくことは時にはよい」，つまり嘘も方便という⟫ 表現 を知っている。

- the expression の直後のカンマは，同格のカンマで，表現の内容を具体的に付け
足す働きをしている。

③ ❨ In Western culture ❩ people also tell lies, but the reasons ⟨ for lying ⟩ are
　　　　　　　　　　　　　S　　　V　O　　　　S　　　　　V

❨ often ❩❨ quite ❩ different ❨ from the reasons ⟪ for lying ❨ in Japan ❩⟫❩.
　　　　　　　　　C

❨西洋文化においては❩ 人々はやはり嘘をつく，しかし⟨嘘をつく⟩ 理由 は ❨しばしば❩
❨⟪(日本で) 嘘をつく⟫ 理由 とは❩ ❨まったく❩ 異なる。

- the reason for 〜 という形で「〜の理由」という意味になる。for の直後の lying
は for という前置詞の目的語となる動名詞。

122

PARAGRAPH **2**

◎トピック

アメリカにおける嘘に対する考え方。
例：ジョージ・ワシントンの正直話。

④ **《** When I was in elementary school (in America) **》**, my teacher said, "You
　　　　S′ V′　　　　　　　　　　　　　　　　　　　　　　　S　　　V　　S′

know George Washington.
V′　　　O′

《私が（アメリカで）小学校にいたとき**》**，先生が言った。「あなたたちはジョージ・ワシン
トンを知っていますね。

⑤ He was the first U.S. President.
　 S　V　　　　　C

彼は初代の合衆国大統領でした。

⑥ **《** When he was a child **》**, he cut down his father's favorite cherry tree.
　　　　　S′ V′　　　　　　S　　V　　　　　　O

《彼が子どものとき**》**，彼の父が気に入っている桜の木を切り倒しました。

● 接続詞 when は when S V の形で「S が V するとき」という意味の副詞節を作る。

⑦ He (then) went and said (to his father), 'I cannot tell a lie. I cut down the
　 S　　　　V①　　V②　　　　　　　　　S　　V　　　O　S　V

cherry tree.'
O

（それから**）**彼は（父のところへ）行って，こう言いました，『僕は嘘はつけません。僕は桜
の木を切り倒しました。』

語 句

☐ expression 　　 图 表現
☐ lie 　　　　　　 图 嘘
☐ the reason for ～ 熟 ～の理由

☐ elementary 　 图 小学校
　 school
☐ President 　　 图 大統領

⑧ George's father (then) said 【 that 【 telling the truth 】 was very
     S   V   O   S'   V'

important 】."
  C'

ジョージの父は（そのとき）【【真実を言うこと】はとても大切なことだ】と言ったのです」。

● that 節の中の主語が telling ..... という動名詞になっている。

PARAGRAPH 3

◎トピック

ジョージ・ワシントンの逸話は嘘である。➡ よい目的を持った嘘。

⑨ Teachers 《 in the U.S. 》 told children this story and said, "It is always right
   S   V① O   O   V② S' V'   C'

【 to tell the truth 】."

《アメリカの》先生 は子どもたちにこの話をした，そして「【真実を言うこと】はいつも正しいのです」と言った。

● It は形式主語で，後ろの to tell ..... を指している。

⑩ (In fact), this is not a true story 《 about George Washington 》.
           S V   C

（実際には），これは《ジョージ・ワシントンについての》本当の話 ではない。

● about ..... の部分の前置詞句は，直前の名詞を修飾する形容詞の働きをしている。

⑪ It's a big lie!
  S V C

それは大きな嘘である。

● It はジョージ・ワシントンの逸話を指している。

⑫ But <u>this lie</u> <u>was used</u> （ for a good reason ）.
     S   V

しかしこの嘘は，（正当な理由があって）使われた。

> ● for ..... reason は「……な理由で」という意味の重要表現。

⑬ <u>Teachers</u> <u>wanted</u> 【 to teach kids to tell the truth 】.
   S   V   O

先生は【子どもたちに真実を話すように教えること】を望んだ。

> ● to teach ..... という名詞的用法の不定詞が，want という他動詞の目的語になっている。

⑭ Both <u>Americans</u> and <u>Japanese</u> <u>lie</u> （ because <u>they</u> <u>don't want</u> 【 to hurt
       S①   S② V   S'   V'   O'

<u>someone else</u> 】）.

アメリカ人も日本人も（【誰か他の人を傷つけ】たくないから）嘘をつく。

⑮ There <u>are</u> also ｜lies｜ 《 'for a good reason' 》 and <u>they</u> <u>are called</u> 'white lies.'
     V   S   S'   V'

《「正当な理由あっての」》｜嘘｜もある，そしてそれらは「白い〔罪のない〕嘘」と呼ばれる。

> ● 代名詞 they は lies を指している。

語句

☐ for ..... reason   熟 ……な理由で   ☐ hurt   動 傷つける
☐ both A and B   熟 A と B の両方

PARAGRAPH 4

◎トピック

アメリカの子どもは根本的には嘘はよくないと思っている。

⑯ **(Of course)**, <u>many Americans</u> (actually) <u>lie</u> **(in a lot of situations)**.
            S   V

《もちろん》多くのアメリカ人が《多くの状況で》《実際に》嘘をつく。

- of course は「もちろん」という意味の副詞句。

⑰ <u>American children</u> **(often)** <u>lie</u> **(when they want to run away (from difficult**
        S   V

situations))**.

アメリカの子どもたちは，《《困難な状況から》逃げたいとき》《しばしば》嘘をつく。

⑱ But <u>they</u> **(usually)** <u>think</u> 【 that lying is wrong 】.
     S   V   O

しかし彼らは《たいてい，》【嘘は悪いことである】と思っている。

PARAGRAPH 5

◎トピック

日本では嘘をつくことは非常に一般的だ。

⑲ <u>Lies</u> <u>are</u> very <u>common</u> **(in American society)**, but even more <u>common</u> (in
   S   V   C①   C②

Japan).

《アメリカ社会において》嘘は大変一般的である，しかし《日本では》さらにもっと一般的である。

- この文中の副詞 even は「さらに」という意味で，直後の比較級を強調する働きをしている。still も同じ働きをする。

⑳ Serious lies are found（ all through Japanese culture ）.
　　　S　　　　　V

《日本文化の至る所で》重大な嘘が見つかる。

● all through 〜は「〜の至る所で」という意味の句前置詞。

㉑ People can forgive │most│《 of the lies 》（ in Japanese society ）.
　　S　　　V　　　　O

《日本社会においては》人々は《嘘の》│ほとんど│を許すことができる。

● most は名詞で「ほとんどのもの，大部分」という意味。

㉒ They do not（ even ）call │most│《 of these 》real lies.
　　S　　　　V　　　　　　O　　　　　　　　　C
（= people)
彼らは《これらの》│大部分│を本当の嘘と呼び《さえ》しない。

● call は第 5 文型の call O C「O を C と呼ぶ」という形で使われている。

接続詞 that が省略

㉓ They（ just ）say 【 they are not telling the truth（ about something ）】.
　　S　　　　　V　　O　　S'　　　V'　　　　　　O'

彼らは（ただ）【（あることについて）真実を言っていない】と言う。

接続詞 that が省略

㉔ They think 【【 telling the truth 】is not polite（ when it hurts someone ）】.
　　S　　　V　　O　動名詞　S'　　　　　V'　　C'　　　　　S'　V'　　O'

彼らは【【《誰かを傷つけるとき》真実を言うこと】は失礼である】と考える。

● that 節の中の主語は telling ..... という動名詞。

語 句

☐ actually　　副 実際には　　　　　☐ even　　　　副 さらに，〜さえ
☐ situation　　名 状況　　　　　　　☐ serious　　　形 重大な
☐ run away　　熟 逃げる　　　　　　☐ polite　　　形 礼儀正しい
☐ common　　形 一般的な

㉕ <u>We</u> <u>can find</u> <u>this idea</u> 〖 in Western culture 〗, too, but not as much as 〖 in
　 S　　V　　　O

Japan 〗.

私たちはこの考えを《西洋文化において》も見つけることができる，しかし（日本における）
ほど多くはない。

● not as ... as ～ は「～ほど…ではない」，つまり「～のほうが…である」こと。

PARAGRAPH ❻

◎トピック

日本では人を傷つけぬよう，時には嘘が奨励される。

㉖ There <u>is</u> | a Japanese expression |, 《 'You <u>should put</u> <u>a lid</u> on | a pot | 〈 ⓣⓗⓐⓣ
　　　　V　　　　　S　　　　　　　　S　　　V　　　O
　　　　　　　　　　　　　　　　　　　　　　　　　　　　　　　関係代名詞の主格

smells bad 〉'》.

《「〈くさい〉| 物（壺）|にはふたをしろ」という》| 日本の表現 |がある。

● expression の直後のカンマは同格の働きをし，表現の内容を直後で具体的に言い
　換える働きをしている。

㉗ <u>This</u> <u>is used</u> to show 【 that <u>we</u> <u>should not tell</u> <u>the truth</u> 〖 about | things | 〈 ⓣⓗⓐⓣ
　 S　　V　　　　　　　　　　S′　　V′　　　　　O′
　　　　　　　　　　　　　　　　　　　　　　　　　　　　　　　　関係代名詞の主格

may hurt someone 〉》】.

この表現は【（《誰かを傷つけるような》| こと |について）真実を言うべきではないというこ
と】を示すために使われる。

㉘ 〖 In this way 〗, <u>you</u> （ sometimes ） <u>have to tell</u> <u>a lie</u>.
　　　　　　　　　　S　　　　　　　　　　V　　　O

《このようにして》，あなたは（時には）嘘を言わなければならない。

128

PARAGRAPH 7

◎トピック

日本では嘘は社会の調和を守るために機能している。★ テーマ ★

㉙ **(** In Japanese society **)**, people cannot live in harmony **(** if everyone tells the
　　　　　　　　　　　　　　S　　　　V　　　　　　　　　　　　S′　　V′

truth **(** about everything **)** **)**.
O′

(日本社会では**)**, **(**もしみんなが（すべてのことについて）真実を言うなら**)**, 人々は仲良く
暮らせない。

● if という接続詞は, if S V という形で「S が V するならば」という意味の副詞節を
　作る。

㉚ **[** Lying **(** to keep the peace **)** **]** is natural and most people feel **[** that it is
　　　S　　　　　　　　　　　　　　　V　　C　　　　S　　　　　V　O　S′V′

another part ⟨ of Japanese society ⟩ **]**.
C′

[（平穏を守るために）嘘をつくこと**]**は自然である, そしてほとんどの人々は**[**それは⟨日
本社会の⟩ 別の一部分 である**]**と感じている。

● この文の主語は Lying という動名詞。またその直後の to keep という不定詞は「目
　的」を表す副詞的用法。
● and は「そして」という意味で前の文と後ろの文を並べ, つなぐ働きをしている。

語句

☐ not as ... as ～　構 ～ほど…でない　　☐ if S V　　構 S が V するなら
☐ lid　　　　　　 名 ふた　　　　　　　　　　　　　　　　　ば
☐ in harmony　　熟 調和して

速読トレーニング

❶ There are many big differences / between Japanese society /
多くの大きな違いがある　　　　　　　日本社会と

and Western society, / and one of them / is about telling the truth.
西洋社会の間には　　　そしてそれらのうちの1つは　　真実を言うことについてである

All Japanese / know the expression, / 'Lying is sometimes good,' /
日本人は皆　　　その表現を知っている　　　「嘘をつくことは時にはよい」

or *Uso mo hoben*. / In Western culture / people also tell lies, /
つまり嘘も方便　　　西洋文化においては　　　人々はやはり嘘をつく

but the reasons for lying / are often quite different /
しかし嘘をつく理由は　　　　しばしばまったく異なる

from the reasons for lying / in Japan. /
嘘をつく理由とは　　　　　日本で

❷ When I was in elementary school / in America, / my teacher said, /
私が小学校にいたとき　　　　　アメリカで　　　　先生が言った

"You know George Washington. / He was the first U.S. President.
「あなたたちはジョージ・ワシントンを知っていますね　　彼は初代の合衆国大統領でした

When he was a child, / he cut down / his father's favorite cherry tree.
彼が子どものとき　　切り倒しました　　　父が気に入っている桜の木を

He then / went and said to his father, / 'I cannot tell a lie. / I cut down
それから彼は　父のところに行きましたそして父に言いました　『僕は嘘はつけません　　僕は切り倒しました

the cherry tree.' / George's father then said / that telling the truth
桜の木を』　　　ジョージの父はそのとき言いました　　真実を言うことは

was very important." /
とても大切なことだと」

❸ Teachers in the U.S. / told children this story / and said, /
アメリカの先生は　　　子どもたちにこの話をした　　　そして言った

"It is always right / to tell the truth." / In fact, / this is not a true story
「いつも正しい　　　真実を言うことは」　　実際には　　　これは本当の話ではない

about George Washington. / It's a big lie! / But this lie / was used /
ジョージ・ワシントンについての　　それは大きな嘘である！　しかしこの嘘は　　使われた

for a good reason. / Teachers wanted to teach kids / to tell the truth.
正当な理由があって　　　先生は子どもたちに教えたかった　　　真実を話すということを

Both Americans and Japanese lie / because they don't want to hurt /
アメリカ人も日本人も嘘をつく　　　　傷つけたくないから

someone else. / There are also lies / 'for a good reason' / and they are called /
誰か他の人を　　　嘘もある　　　「正当な理由あっての」　　そしてそれらは呼ばれる

'white lies.' /
「白い嘘」と

4 Of course, / many Americans actually lie / in a lot of situations.
　　もちろん / 多くのアメリカ人が実際に嘘をつく / 多くの状況で

American children often lie / when they want to run away
アメリカの子どもたちはしばしば嘘をつく / 彼らが逃げ出したいとき

from difficult situations. / But they usually think / that lying is wrong.
困難な状況から / しかし彼らはたいてい思う / 嘘は悪いことであると

5 Lies are very common / in American society, / but even more common
　　嘘は大変一般的である / アメリカ社会において / しかしさらにもっと一般的である

in Japan. / Serious lies are found / all through Japanese culture.
日本では / 重大な嘘が見つかる / 日本文化の至る所で

People can forgive / most of the lies / in Japanese society.
人々は許すことができる / 嘘の大部分を / 日本社会においては

They do not even call / most of these / real lies. / They just say
彼らは呼びさえしない / これらの大部分を / 本当の嘘と / 彼らはただ言う

they are not telling the truth / about something. / They think
真実を言っていないと / あることについて / 彼らは考える

telling the truth / is not polite / when it hurts someone.
真実を言うことは / 失礼であると / それが誰かを傷つけるとき

We can find this idea / in Western culture, too, / but not as much
私たちはこの考えを見つけることができる / 西洋文化においても / しかし多くはない

as in Japan.
日本におけるほど

6 There is a Japanese expression, / 'You should put a lid / on a pot
　　日本の表現がある / 「ふたをするべきだ / つぼに

that smells bad.' / This is used to show / that we should not tell
くさいにおいがする」 / これは示すために使われたものだ / 言うべきではないと

the truth about things / that may hurt someone. / In this way,
物事について真実を / 誰かを傷つけるような / このようにして

you sometimes have to tell / a lie.
あなたは時には言わなければならない / 嘘を

7 In Japanese society, / people cannot live / in harmony / if everyone tells
　　日本社会では / 人々は暮らせない / 仲良く / もしみんなが言うなら

the truth about everything. / Lying / to keep the peace / is natural
すべてのことについて真実を / 嘘をつくことは / 平穏を守るために / 自然である

and most people feel / that it is another part / of Japanese society.
そしてほとんどの人々は感じている / それはまた別の一部であると / 日本社会の

音読達成シート	日本語付	1	2	3	4	5	英語のみ	1	2	3	4	5

131

■ 解答 ■

1	主婦は子どもたちの世話をしながら1日に平均約5時間テレビを見た。
2	テレビが人々の生活にどんな影響を与えているかを調べるために。
3	(a) *There* were forty-four (families).
	(b) *To* stop watching television for one month.

4	ウ, キ	5	(A)	ウ	(B)	エ	6	イ

[解説]

1 〈spend + 時間 + (in) Ving〉「Vするのに 時間 を費やす」という構文に注意。また，while S V には，「S が V する間」「S が V する一方で」という2つの意味があるが，この文では「間」の意味。

2 「調べる」対象は直前の How 〜？で問いかけている文と考えられる。この文の内容をほぼそのまま抜き出し，最後を「……ために」とすればよい。

3 本文の該当箇所を見つけて適切に引用する。
　(a) 第3パラグラフの2番目の文に「44家族が実験に参加した」とあるので，There were ..... にこれを続けるとよい。
　(b) 第3パラグラフの2番目の文からそのまま抜き出して答えればよい。
◆質問文の和訳
　(a) その実験にはいくつの家族が参加しましたか。
　(b) その実験は家族に何をするように頼みましたか。

4　本文では,「ビデオを見た」と述べている部分はどこにもないので,ウは本文の内容に反している。また,第7パラグラフに,「ほとんどの家族がテレビを家庭に戻してほしいと思った」とあるので,キは本文の内容と完全に矛盾する。

◆選択肢の和訳
○ア. 人々は家でテレビを見ないときであっても,暇な時間を過ごす何か別の方法を見つけることができた。
○イ. いつもより早く寝た人もいた。
×ウ. ほとんどの時間をビデオを見て過ごした子どもたちもいた。
○エ. テレビを見ることによって,しばしば互いに話すことが得られると思った人もいた。
○オ. 夕食時には,テレビのことを考えなくてもよいので,人々はよりくつろぐことができた。
○カ. テレビを見るのをやめて,視力がよくなった子どもたちもいた。
×キ. ほとんどの人が実験は好ましいと思った。そして,彼らのうちほんの数家族だけが家にテレビを戻したいと思った。

5　空所の前後や選択肢の意味に注意して,適切なものを選ぶ。
(A)　miss という動詞には「なくてさみしい」という意味がある。ここでは,実験の悪い結果が述べられているのだから,テレビを「恋しく思う」はずである。
(B)　空所の前は「テレビがまたほしい」というテレビに対してのプラスの感情,空所の後ろには「テレビには縛られたくない」というテレビに対してのマイナスの感情が示されている。このように逆の内容をつなぐ場合は,逆接の「しかしながら」という意味を持つ however を使えばよい。

◆選択肢の和訳
(A) ア. 変えた　　イ. 楽しんだ　　ウ. なくてさみしく思った　　エ. 賞賛した
(B) ア. だから　　イ. ついに　　ウ. 実際には　　エ. しかしながら

6　主婦がテレビを見るのに平均5時間費やすからといって,「他に暇な時間を過ごす方法がない」と結びつけるのは少々無理があるので,[ア]は不可だと考える。[イ]は,テレビなしでは生活できないと言って実験から脱落した家族と,「他に時間を過ごす方法がない」とは自然に結びつくので,これが正解。[ウ]は,実験のよい結果を示している第5パラグラフにそれと反対の意味を持つ文が入るとは考えられないので不可。

◆挿入文の和訳
彼らは暇な時間を過ごす他の方法は見つけることができないと言った。

徹底精読

◎トピック

テレビは広く普及し，浸透している。

① 《 Today 》 there <u>is</u> <u>a television set</u> (in almost every house).
　　　　　　　　　V　　　S

【今日】（ほとんどすべての家に）テレビがある。

> ● almost という副詞は every という形容詞と組み合わせて，almost every〜 という形で「ほとんどすべての〜」という意味を表すことができる。

② 《 In some countries 》, <u>you</u> <u>can choose</u> (from about forty different
　　　　　　　　　　　　　　　S　　　V

channels); <u>some</u> <u>show</u> only │a single type of program│ — 《 news, sports,
　　　　　　　S　　V　　　　　　　　O　　　　　　　　　　　①　　　②

music, theater or movies 》; <u>most</u> <u>show</u> different kinds of programs and <u>give</u>
　　③　　④　　　⑤　　　　　　S　　V①　　　　　O　　　　　　　　　V②

the viewer │a wide range of entertainment│ 〈 to choose from 〉.
　　O　　　　　　　　O
　　(A)　　　　　　　(B)

【いくつかの国では】，（約40の異なるチャンネルから）選ぶことができる。《ニュース，スポーツ，音楽，演劇あるいは映画など》│たった1つの種類の番組│しか見せないチャンネルもあるが，大部分は様々な種類の番組を見せてくれて，〈それから選べるような〉│広い範囲の娯楽│を視聴者に与えている。

> ● 文中の2つのセミコロン（;）は，最初の文にある forty different channels の具体的内容を表す文を直後に続ける働きをしている。
> ● 主語の部分に置かれている some, most は「いくつかのもの［チャンネル］」「ほとんどのもの［チャンネル］」という意味。
> ● give は目的語を2つ取ることができる動詞で，give A B の形で「A に B を与える」という意味になる。

134

③ (In one country), a recent survey showed 【 that the average person spent
                      S   V   O   S′   V′

three and a half hours a day watching television 】.
                 O′
                     ←in があってもよい。

(ある国では),最近の調査が【平均的な人は 1 日に 3 時間半テレビを見て過ごす】と明らか
にした。

- spend＋時間＋(in) Ving は,「V するのに時間を費やす」という意味の重要構文。
- a day は「1 日につき」という意味で,a は「～につき」という意味で使われている。

④ Housewives were the biggest group 《 of viewers 》.
     S   V   C

主婦は《視聴者の》最大層であった。

⑤ They spent an average of about five hours a day watching TV (while they
   S   V   O   S′

were taking care of their children).
       V′

彼女たちは(子どもたちの世話をしながら,)1 日に平均約 5 時間をテレビを見て過ごした。

- while という接続詞は while S V という形で,「S が V する間に」という意味の副詞節を作る。「S が V する一方で」という意味もある。

語句

☐ almost	副 ほとんど	☐ recent	形 最近の
☐ choose	動 選ぶ	☐ survey	名 調査
☐ different	形 様々な	☐ average	形 平均的な
☐ program	名 番組	☐ spend＋時間	構 V するのに時間
☐ theater	名 演劇	＋(in) Ving	を費やす
☐ viewer	名 視聴者	☐ housewife	名 主婦
☐ range	名 範囲	☐ while S V	構 S が V する間に
☐ entertainment	名 娯楽	☐ take care of ～	熟 ～の世話をする

135

◎トピック

テレビが人々の生活に与える影響。

⑥ (For families 《 with children 》), a major problem is 【 getting the children
　　　　　　　　　　　　　　　　　　 S　　　　　　V C　　　　　　　A
away from the television (to do their homework) 】.
　　　B

(《子どものいる》家族 にとって) 重要な問題は,【(宿題をさせるために) テレビから子ど
もたちを引き離すこと】である。

> ● 文頭の For は「〜にとって」という意味で使われている。
> ● get A away from B は「A を B から引き離す」という意味で, away from 〜は
> 　分離を表している。

⑦ How 《 then 》 does television affect people's lives?
　　　　　　　　　　　　 S　　　 V　　　 O

(それでは) テレビはどのように人々の生活に影響を及ぼすのだろうか。

> ● このように読者に問いかける文は, 重要なトピックやテーマを示している場合が多い。

◎トピック

テレビを見るのをやめる実験。

⑧ (To find out), an unusual experiment was carried out (recently).
　　　　　　　　　　 S　　　　　　　　　　　　 V

(調査するために),(最近) 変わった実験が行われた。

⑨ $\boxed{\text{A group}}$ 《 of forty-four families 》 was asked to stop 【 watching television 】
　　S　　　　　　　　　　　　　　　　　　V

《 for one month 》.

《44 組の家族からなる》$\boxed{\text{集団}}$が（1 か月間）【テレビを見ること】をやめるように依頼された。

> ● ask ～ to V は「～に V するように頼む」という意味の重要な表現だが，これを受動態にすると，～ be asked to V「～は V するように頼まれる」という意味になる。

⑩ The families were studied （ to see 【 how their lives were affected （ by
　　S　　　　　　V　　　　　　　　　　　　　S′　　　　　V′

【 not being able to watch TV （ during this period ）】 ）】 ）.

その家族たちは，（【（【（この期間）テレビを見ることができないこと】によって）彼らの生活がどのような影響を受けるか】を調べるために）調査された。

> ● how「どのように」のような疑問詞の後ろに S V（節）が置かれると，名詞節となる。
> ● 動名詞を否定の形にする場合，直前に not という否定語が置かれる。

●語 句

☐ major	形 重要な	☐ experiment	名 実験
☐ problem	名 問題	☐ carry out	熟 行う
☐ get A away from B	熟 A を B から引き離す	☐ recently	副 最近
☐ affect	動 影響を及ぼす	☐ ask ～ to V	熟 ～に V するように頼む
☐ find out	熟 調べる	☐ period	名 期間
☐ unusual	形 変わった		

◎トピック

実験の興味深い結果とは？

⑪ Four《 of the families 》found【 that family life (simply) could not continue
  S   V   O   S'   V'

(without TV)】, and they gave up the experiment.
                 S   V   O

《その家族のうち》4組 が【家族の生活は（テレビなしでは）（まったく）続けることがで
きない】と気づき，彼らはその実験をやめた。

● they という代名詞は Four of the families を指している。

                  ┌─that の省略
⑫ They said【 they could find no other way《 to spend their free time 》】.
  S   V   O S'   V'   O'

彼らは【《暇な時間を過ごす》他の方法 を見つけることができない】と言った。

● said の直後に名詞節を作る接続詞の that が省略されている。
● to spend ..... は way を修飾する形容詞的用法の不定詞。

⑬（ Among those《 who (successfully) kept away from television 》），
          人々   関係代名詞の主格

several interesting things were reported.
        S   V

《《（うまく）テレビから離れた》人々 の中で），いくつかの興味深いことが報告された。

● those who V は「V する人々」という意味。このように those は「人々」という
意味で使われることがある。

PARAGRAPH 5

◎トピック

テレビをやめることによって様々なよい結果が家族間に生じた。

⑭ <u>Some parents</u> <u>were</u> <u>glad</u> **(** to end ｜the daily battle｜ **《** among family
    S   V   C

members **》〈** to decide **【** what program to watch **】〉)**.
                      疑問詞句

何人かの親は（**〈【**どの番組を見るかを**】**決めるという**〉《**家族の間の**》**｜毎日の争い｜が終わって）喜んだ。

●what program は 1 つの疑問詞の働きをする疑問詞句。また，〈疑問詞＋to V〉は，名詞の働きをする。

⑮ **(** In some families **)**, <u>the family</u> <u>went</u> to bed **(** earlier **)**.
                            S   V

（いくつかの家族では**）**，一家で（いつもより早く）寝た。

⑯ <u>Family members</u> <u>found</u> ｜other things｜ **〈** to do **》**, **《** such as **[** reading **]** or
    S   V   O   ①
                          (A)   具体例を示す (B)

【 playing volleyball **】》**.
     ②
    (B)

家族は**《**例えば**［**読書**］**や**【**バレーボールをすること**】**などのような**》**，**〈**するべき**〉**｜他のこと｜を見つけた。

●A such as B 「B のような A」は，A に対して B という具体例を付ける場合に使う。

語句

☐ simply	副 まったく	☐ several	形 いくつかの
☐ continue	動 続く	☐ report	動 報告する
☐ give up	熟 やめる	☐ daily	形 毎日の
☐ successfully	副 うまく	☐ A such as B	熟 B のような A
☐ keep away from ～	熟 ～から離れる		

⑰ Many families found 【 that they had |more time| 《 to talk and play among
　　　　　　　S　　　V　　　　　　　　O

themselves 》(without television)】.

多くの家族が【(テレビがなくても)《家族で話したり遊んだりする》|より多くの時間| があ
ること】に気づいた。

● more は much という形容詞の比較級で「より多くの」という意味。

⑱ Dinner time was more relaxed (without |the pressure| 《 of TV 》).
　　　S　　　V　　　　C

夕食の時間は,((《テレビの》|圧迫感| がなくて)もっとくつろいだものになった。

● without は「～なしで」という意味の前置詞で副詞句を作る働きをしている。

⑲ Children's eyesight became better (in several cases).
　　　S　　　V　　　C

(いくつかのケースでは)子どもの視力がよくなった。

● better は well, good の比較級。最上級は best。

PARAGRAPH 6

◎トピック

テレビを見るのをやめたことにより生じた悪い結果。

⑳ (On the other hand), some families said 【 they greatly missed their favorite
                      S   V   O S′   V′

―that の省略

programs 】.
O′

(一方), いくつかの家族が【大好きな番組を見逃して非常に残念だ】と言った。

● on the other hand は「その一方で」という意味で, 直前に出てきた内容と対照的な内容を直後に紹介する場合に使われる。
● said の後ろには名詞節を作る接続詞の that が省略されている。

㉑ A father 《 in one family 》(without TV) started gambling, and another
   S   V   O   S

began to drink (heavily).
V

(テレビがないので)《ある家族の》父親 はギャンブルを始めた, そしてまた別の家族の父親は(ひどく)酒を飲み始めた。

● another は「もう1つ」「もう1人」という意味の代名詞で, この文では,「もう1人の父親」を指している。

語句

☐ relaxed   形 リラックスした
☐ pressure   名 圧迫感
☐ eyesight   名 視力
☐ on the other   熟 一方
   hand
☐ greatly   副 非常に

☐ miss   動 なくてさみしい
☐ favorite   形 大好きな
☐ gambling   名 ギャンブル
☐ another   代 もう1人[1つ]
☐ heavily   副 ひどく

㉒ Some children found 【 they had nothing 《 to talk about 》(at school)】;
　　　S　　　　　　 V　　O S' V'　　　　　　 O'

──that が省略

they (no longer) could talk (about their favorite comedians, singers, or
　S　　　　　　　　　 V　　　　　　　　　　　　　　　　　　　　①　　　　　　 ②

actors).
　③

【（学校で）《話すことが》何も ないこと】に気づいた子どもたちもいた。彼らは（お気に入りのコメディアン，歌手，俳優について）（もはや）話すことができなかった。

● found の後ろには名詞節を作る接続詞の that が省略されている。
● no longer ..... は「もはや……ない」という意味の否定の副詞句。

㉓ Several mothers found 【 they had less 《 to talk about 《 with their young
　　　S　　　　　 V　　O S' V' O'

──that が省略

children 》》】.

何人かの母親は【《《幼い子どもたちと》話す》ことがより少なく なったこと】に気づいた。

● found の後ろには，名詞節を作る接続詞の that が省略されている。
● less は「より少ない物事」という意味の名詞。to talk ..... という形容詞的用法の不定詞句がこれを修飾している。

PARAGRAPH 7

◎トピック

多くの人はテレビは家庭に必要だが，テレビには支配されたくないと感じた。

★ テーマ ★

㉔ (At the end 《 of the experiment 》), most 〈 of the families 〉 wanted 【 to
　　　　　　　　　　　　　　　　　　　 S　　　　　　　　　 V　　 O
have the television back （ in their homes ）】.

（《その実験の》終わり に），〈家族の〉大部分 が【《彼らの家庭に》テレビを戻すこと】を
望んだ。

● most は名詞で「ほとんどのもの・人」という意味。most of ～ で「～のほとんど」
という意味になる。

㉕ However, they said 【 that （ in the future ） they would watch only certain
　　　　　　S　　V　 O　　　　　　　　　　　　　　 S′　　 V′①
programs, and not allow their lives to be controlled （ by television ）】.
　　O′①　　　　　　 V′②　　　　O′②

しかしながら，彼らは【《将来は》特定の番組だけ見るつもりだし，自分たちの生活を（テ
レビに）コントロールされないようにする】と言った。

● allow ～ to V は「～が V するのを許す」という意味。be controlled は，to be
Vpp という不定詞の受動態の形。

語句

☐ no longer ..... 熟 もはや……ない
☐ comedian 名 コメディアン
☐ actor 名 俳優
☐ less 名 より少ない物事
☐ back 副 元へ

☐ in the future 熟 将来
☐ certain 形 特定の
☐ allow ～ to V 熟 ～が V するのを許
す
☐ control 動 コントロールする

速読トレーニング

① Today / there is a television set / in almost every house. /
今日　　　　テレビがある　　　　ほとんどすべての家に

In some countries, / you can choose / from about forty different channels; /
いくつかの国では　　あなたは選ぶことができる　　　　約40の異なるチャンネルから

some show / only a single type / of program / — news, / sports, / music, /
あるものは見せる　たった1つの種類を　　番組の　　例えばニュース　スポーツ　音楽

theater or movies; / most show / different kinds of programs /
演劇あるいは映画　　大部分は見せる　　　様々な種類の番組を

and give the viewer / a wide range of entertainment / to choose from. /
そして視聴者に与えている　　　広い範囲の娯楽を　　　　それから選ぶような

In one country, / a recent survey showed / that the average person /
ある国では　　　最近の調査は明らかにした　　　平均的な人は

spent three and a half hours / a day / watching television. /
3時間半を過ごした　　　　　1日に　　テレビを見て

Housewives were the biggest group / of viewers. / They spent / an average /
主婦は最大層であった　　　　　　　視聴者の　　彼女たちは費やした　　平均

of about five hours / a day / watching TV / while they were taking care /
約5時間を　　　　1日に　　テレビを見て　　　世話をしながら

of their children. /
子どもたちの

② For families with children, / a major problem /
子どものいる家族にとって　　　重要な問題は

is getting the children away / from the television / to do their homework. /
子どもたちを引き離すことである　　テレビから　　　　宿題をさせるために

How then / does television affect / people's lives? /
それではどのように　テレビは影響を及ぼすのだろうか　人々の生活に

③ To find out, / an unusual experiment / was carried out / recently. /
調査するために　　　変わった実験が　　　　行われた　　　最近

A group of forty-four families / was asked to stop / watching television /
44組の家族の集団が　　　　　やめるように依頼された　　テレビを見ることを

for one month. / The families were studied / to see / how their lives /
1か月間　　　　その家族は調査された　　　調べるために　どのように彼らの生活が

were affected / by not being able to watch TV / during this period. /
影響を受けるかを　テレビを見ることができないことによって　　この期間

④ Four of the families found / that family life / simply /
その家族のうち4組が気づいた　　家族の生活は　　まったく

could not continue / without TV, / and they gave up / the experiment. /
続けることができないと　テレビなしでは　そこで彼らはやめた　　その実験を

They said / they could find no other way / to spend their free time. /
彼らは言った　他の方法を見つけることができないと　　暇な時間を過ごすための

Among those / who successfully kept away / from television,
人々の中で / うまく離れた / テレビから

several interesting things / were reported.
いくつかの興味深いことが / 報告された

5 Some parents / were glad to end / the daily battle
何人かの親は / 終わってうれしかった / 毎日の争いが

among family members / to decide / what program to watch.
家族の間の / 決めるという / どの番組を見るかを

In some families, / the family / went to bed earlier. / Family members found
いくつかの家族では / 一家で / いつもより早く寝た / 家族は見つけた

other things to do, / such as reading / or playing volleyball.
他にすべきことを / 例えば読書 / あるいはバレーボールをするなど

Many families found / that they had more time / to talk and play
多くの家族が気づいた / もっと時間があったことを / 話したり遊んだりする

among themselves / without television. / Dinner time / was more relaxed
家族間で / テレビがなくても / 夕食の時間は / もっとくつろいだものになった

without the pressure of TV. / Children's eyesight / became better
テレビの圧迫感がなくて / 子どもの視力が / よくなった

in several cases.
いくつかのケースでは

6 On the other hand, / some families said / they greatly missed
一方 / いくつかの家族が言った / 見逃して非常に残念だと

their favorite programs. / A father in one family / without TV
大好きな番組を / ある家族の父親は / テレビのない

started gambling, / and another / began to drink / heavily.
ギャンブルを始めた / そしてまた別の家族の父親は / 酒を飲み始めた / ひどく

Some children found / they had nothing / to talk about / at school;
ある子どもたちは気づいた / 何もないことに / 話すことが / 学校で

they no longer could talk / about their favorite comedians, / singers,
彼らはもはや話すことができなかった / お気に入りのコメディアンについて / 歌手

or actors. / Several mothers found / they had less to talk about
あるいは俳優 / 何人かの母親は気づいた / 話すことがより少なくなったことに

with their young children.
幼い子どもたちと

7 At the end / of the experiment, / most of the families
終わりに / その実験の / 家族の大部分が

wanted to have the television back / in their homes. / However, / they said
テレビを戻すように望んだ / 彼らの家庭に / しかしながら / 彼らは言った

that in the future / they would watch / only certain programs,
将来は / 見るつもりだ / 特定の番組だけ

and not allow their lives / to be controlled / by television.
そして生活を許さない / コントロールされることを / テレビに

音読達成シート	日本語付	1	2	3	4	5	英語のみ	1	2	3	4	5

145

■解答■

1	(1)	answer	(2)	age	(3)	something
	(4)	sound	(5)	many		

2	(ア)	It may be more important to cut the wood in a special way.
	(イ)	(They) can make new ones that are exactly the same (size and shape.)
	(ウ)	(No) one knows what the Italian violin makers used in their varnish.

3	(three) hundred thousand dollars

4	(a)	これらのバイオリンは，他のどんなバイオリンよりもすばらしい音がする。それらは今日作られたバイオリンよりもすばらしい音さえする。
	(b)	もしかすると，クレモナのバイオリン製作者は，バイオリン用の木について何か特別なことを知っていたのかもしれない。

[解説]

1 前後の文などから，空所に入る語を推測してみるとよい。

(1) Why という問いかけの文に対応して，人々が持っていると考えるものなので，「理由」や「答え」に当たる言葉を探せばよい。

(2) このパラグラフの後半に，So age cannot be the answer. と書いてあることから，このパラグラフはバイオリンの「年数」説の妥当性に関するものだと考えられる。パラグラフの先頭には，そのパラグラフ全体のトピックを示す文が置かれることが多いため，age が入るだろうと推測できる。

(3) There is something ... about ～ は「～に関して何か…なところがある」という意味の熟語表現。There is something strange about her.「彼女には何か変なところがある」のように使う。

(4) バイオリンの質を決定するのは「音」である。使う木のちょっとした切り方の良し悪しにより「音」が左右されると考えると，「音」を意味する名詞，sound が答えだろうと推測できる。

(5) many は名詞としても使うことができる。not と many を組み合わせると，「あまり……ない」という意味になる。前後の文脈から，古いバイオリンはあまり残っていないことがわかる。

2 与えられた語句の中から，文を組み立てるときのキーになる語を捜す。

（ア）形式主語の it を使って英作文をしてみるとよい。it と名詞的用法の不定詞を組み合わせて，it is ... to V 「V するのは…だ」という形に当てはめてみる。may という助動詞の後ろには動詞の原形が使われるので，is ではなく be になる。また，way を使って「…な方法で」という場合，前置詞 in を使って，in a ... way となる。

（イ）that を関係代名詞の主格だと考えて英作文をしてみるとよい。関係代名詞の主格の直後には動詞が置かれる。「同じだ」という意味を表す場合には，be the same という表現が使われる。

（ウ）No one を主語にすると，「誰も……ない」という意味の否定文を作ることができる。what という疑問詞の直後に〈主語＋述語〉を置いて名詞節を作り，knows の目的語とすればよい。

3 英語では，3 桁ごとに単位が繰り上がり，日本語の「万」や「億」とは対応しない。3 桁ごとに打たれているカンマを参考にすればよい。thousand, million, billion の順に繰り上がっていく。

4 次の点に注意して和訳する。

(a) 〈比較級＋than any other ～〉は，「他のどんな～よりも…」という意味の比較の重要構文。〈sound＋形容詞〉「…に聞こえる」という動詞の用法にも注意して訳す。made という過去分詞形は形容詞の働きをし，直前の名詞を修飾している。

(b) something special のように，-thing で終わる名詞を形容詞が修飾する場合，形容詞は後ろに置かれる。「何か特別なこと」のように訳せばよい。

徹底精読

PARAGRAPH 1

◎トピック

最高かつ特別なイタリアのバイオリン。➡ その理由は？ ★(テーマ)★

① <u>Most musicians</u> <u>agree</u> 【 that <u>the best violins</u> <u>were</u> (first) <u>made</u> (in Italy)】.
　　S　　　　　V　　O　　　　　　S′　　　　　　　　　　　V′

大多数の音楽家は【最高のバイオリンは（イタリアで）（最初に）作られたこと】に同意する。

- Most は「ほとんどの〜」という意味の形容詞として使われている。
- that という接続詞は，that S V という形で，「S が V すること」という名詞節を作る。

② <u>They</u> <u>were made</u> (in Cremona, Italy), (about 200 years ago).
　　S　　V

それらは（約200年前に）（イタリアのクレモナで）作られた。

- 英語の住所表記は日本語と逆になる。

③ <u>These violins</u> <u>sound</u> <u>better</u> (than any others).
　　S　　　　　V　　C

これらのバイオリンは（他のどんなもの［バイオリン］よりも）すばらしい音がする。

- better は good の比較級の形。最上級は best。
- others は「他のもの」という意味の代名詞で，この場合は「他のバイオリン」のこと。

④ <u>They</u> (even) <u>sound</u> <u>better</u> (than |violins| 《 made today 》).
　　S　　　　　　V　　C

それらは（《今日作られた》|バイオリン| よりも）ずっとすばらしい音（さえ）する。

- made という過去分詞形が形容詞の働きをし，直前の名詞を修飾している。

150

⑤ Violin makers and scientists try to make instruments 《 like the Italian

    S①   S②   V   前置詞

violins 》.

バイオリン製作者たち，そして科学者たちは《イタリアのバイオリンのような》楽器を作ろうとする。

- like は「〜のような」という意味の前置詞で，like 〜 という前置詞句は形容詞の働きをし，直前の instruments という名詞を修飾している。

⑥ But they aren't the same.
    S   V   C

しかし，それらは同じものではない。

- they という代名詞は，「現在製作が試みられているバイオリンとイタリアの古いバイオリン」を指している。

⑦ Musicians (still) prefer the old ones.
    S   V   O

音楽家は（いまだに）古いもののほうを好む。

- ones は代名詞で，violins という名詞の反復を避けて使われている。

⑧ Why are these old Italian violins (so) special?
    V   S   C

なぜこれらの古いイタリアのバイオリンは（それほど）特別なのだろうか。

- Why「なぜ」のような疑問詞で始まる疑問文では，疑問詞の直後には be 動詞や助動詞で始まる疑問文の形が使われる。

語句

☐ most	形 大多数の	☐ scientist	名 科学者
☐ agree	動 同意する	☐ instrument	名 楽器
☐ sound	動 …な音がする	☐ prefer	動 （より）好む
☐ even	副 …さえ	☐ special	形 特別な
☐ maker	名 製作者		

⑨ No <u>one</u> **（** really **）** <u>knows</u>.
     S   V

誰も**（**よくは**）**知らない。

●〈否定語＋really〉は「あまり……ない」の意味を表す。

                             ┌──that の省略

⑩ But <u>many people</u> <u>think</u> **【** they have an answer **】**.
         S   V   O

しかし多くの人々は**【**自分たちは答えを持っている**】**と思っている。

● think の直後には，名詞節を作る接続詞の that が省略されている。

PARAGRAPH 2

◎トピック

「年数」と考える人々がいる。➡ 理由ではない。

⑪ <u>Some people</u> <u>think</u> **【** it is the age **《** of the violins **》** **】**.
      S   V   O S′V′   C′

【それは**《**バイオリンの**》**年数である**】**と考える人もいる。

● it は an answer を指していると考える。

⑫ <u>They</u> <u>say</u> <u>**【**</u> that today's violins will **（** also **）** sound wonderful **（** someday **）** **】**.
   S   V O   S′   V′   C′

【今日のバイオリン**（**もまた**）（**いつか**）**すばらしい音を出すだろう**】**と彼らは言う。

● 接続詞 that が that S V で，「S が V すること」という意味の名詞節を作っている。

⑬ But there <u>is</u> <u>a problem</u> **（** here **）**.
          V   S

しかし**（**ここで**）**問題がある。

●〈there＋be 動詞＋名詞〉の構文は存在を表し，「〜がある，いる」という意味になる。

⑭ Not all old violins sound wonderful.
　　　S　　　　V　　　C

すべての古いバイオリンがすばらしい音を出すとは限らない。

● not all ～は「部分否定」と呼ばれる表現で，「すべての～が……とは限らない」という意味になる。

⑮ (Only) the old |violins| 《 from Cremona 》 are special.
　　　　　　　　　　　S　　　　　　　　　　V　　C

《クレモナ産の》古い |バイオリン| (だけ) が特別である。

● from ～という前置詞句は形容詞の働きをし，直前の名詞を修飾している。

⑯ (So) age cannot be the answer.
　　だから
　　S　　　V　　　C

だから年数は答えになりえない。

● 文頭の So は「よって，だから」という意味のつなぎ言葉。

⑰ There must be something different 【 about Cremona or those Italian violin
　　　　V　　　　S　　　　　　　　①

makers 】.
②

【クレモナあるいはイタリアのバイオリン製作者について】何か異なるものがあるに違いない。

● something のように -thing で終わる名詞は，直後に形容詞を置く。

語句

☐ No one V	構 誰も V しない	☐ not all ～	熟 すべての～が……とは限らない
☐ wonderful	形 すばらしい		
☐ someday	副 いつか	☐ cannot[can't] V	助 V のはずがない
☐ problem	名 問題	☐ maker	名 製作者

PARAGRAPH 3

◎トピック

「木材」だと考える人々がいる。

⑱ Other people think 【 the secret 《 to those violins 》 is the wood 】.
　　　　S　　　　　　V　　　O　　　　　S′　　　　　　　　　V′　　C′

【《それらのバイオリンの》秘密 は木材である】と考える人もいる。

● think の直後には，名詞節を作る接続詞の that が省略されている。

⑲ The wood 《 of the violin 》 is very important.
　　　S　　　　　　　　　　　V　　　　C

《バイオリン用の》木 は大変重要である。

⑳ It must be from certain kinds of trees.
　 S　　V

それは特定の種類の木のものに違いない。

● It は前の文の The wood を指している。
● must という助動詞は「……に違いない」という意味で使われている。

㉑ It must not be too young or too old.
　 S　　V　　　　C①　　　　C②

それは新しすぎても古すぎてもいけない。

● too という副詞は形容詞や副詞の前に置かれ，「…すぎる」という意味になる。

154

㉒ 《 Perhaps 》 | the violin makers | 《 of Cremona 》 knew something special
　　　　　　　　　　 S 　　　　　　　　　　　　　　　　　 V 　　　　　 O

（ about | wood | 〈 for violins 〉).

《もしかすると》《クレモナの》| バイオリン製作者 | は，（〈バイオリン用の〉| 木 | について）
何か特別なことを知っていたかもしれない。

● something のような -thing で終わる名詞を修飾する場合，形容詞は直後に置かれる。

PARAGRAPH 4

◎トピック

「木材」よりも「切り方」が重要かもしれない。

㉓ But | the kind | 《 of wood 》 may not be so important.
　　　　　　 S 　　　　　　　　　　　 V 　　　　　 C

しかし《木の》| 種類 | はそれほど重要ではないかもしれない。

● so という副詞は，否定文で形容詞や副詞の前に置かれると，「それほど…（ではない）」という意味になる。

　　　　形式主語
㉔ (It) may be more important 【 to cut the wood 《 in a special way 》】.
　 S 　 V 　　　　　　　　　　 C

【(特殊な方法で) 木を切ること】はもっと重要かもしれない。

● It は形式主語で，to 以下の名詞的用法の不定詞を指している。

語句

☐ secret 　　 图 秘密
☐ wood 　　 图 木，木材
☐ important 　 形 重要な
☐ must be 　 助 ……に違いない
☐ from 　　 前 ～から(原料)

☐ certain 　　 形 特定の
☐ kind 　　　 图 種類
☐ must not be 助 ……ではいけない
☐ perhaps 　 副 ひょっとしたら

155

㉕ Wood 《 for a violin 》 must be cut （ very carefully ）.
　　S　　　　　　　　　　　V

《バイオリン用の》木 は《大変慎重に》切られなければならない。

> ● must のような助動詞の直後には動詞の原形が置かれる。ここでは be 動詞の原形
> 　 の be が置かれている。
> ● be cut は〈be 動詞＋過去分詞形〉の受動態の形。

㉖ It has to be the right size and shape.
　 S　V　　　C①　　　　　C②

それは正確な寸法と正確な形でなければならない。

> ● It という代名詞は wood を指している。

㉗ The smallest difference will change the sound 《 of the violin 》.
　　　　S　　　　　　　　　V　　　　O

最も小さな違いでさえも《バイオリンの》音 を変えるだろう。

> ● 最上級は「……でさえ」という意味を帯びることがある。

㉘ Musicians （ sometimes ） think 【 that this was the secret 《 of the
　　S　　　　　　　　　　　V　　O　　S′　V′　　C′

Italians 》】.

音楽家は《時には》【これは《イタリア人の》秘密 であった】と考える。

> ● this は直前の内容を受けている。この場合は「イタリア人が木の切り方に細心の注
> 　 意を払うこと」を指している。

156

㉙（ Maybe ） they understood more （ than we do ） （ about 【 how to cut the
          S   V   O

wood 】）.

（たぶん）彼らは（【木の切り方】について）（私たちよりも）より多くを理解していた。

- do は動詞の反復を避けて使われる代動詞で，understand という動詞の反復を避けて使われている。
- ここでの more は，「……よりもっと多くのこと」という意味の名詞。

PARAGRAPH 5

◎トピック

木の寸法と形も理由にはならない。➡「ニス」に秘密があると考える人もいる。

㉚ Size and shape may not be the answer （ either ）.
   S①   S②   V   C

寸法と形は（どちらも）答えにならないかもしれない。

- 否定文の後ろで「〜もまた（……ない）」という意味を表す場合は，either という副詞が使われる。

㉛ Scientists measured these old violins （ very carefully ）.
   S   V   O

科学者たちはこれらの古いバイオリンを（大変慎重に）測定した。

語句

☐ carefully	圖 慎重に	☐ understand	働 理解する
☐ right	形 正確な	☐ either	圖 （否定文の後ろで）
☐ size	名 寸法		〜もまた（……ない）
☐ shape	名 形	☐ measure	働 測定する
☐ maybe	圖 たぶん		

㉜ They can make new ⌈ones⌉ 《 (that) are 《 exactly 》 the same size and shape 》.
   S   V   O   関係代名詞の主格
                   (= violins)

彼らは《《正確に》同じ寸法で同じ形の》新しい⌈もの⌉を作ることができる。

> ● ones という代名詞は violins という名詞の反復を避けて使われている。
> ● 関係代名詞の主格の that 以下の部分が形容詞の働きをし，先行詞の new ones を
> 　修飾している。

㉝ But the new violins 《 still 》 do not sound as good 《 as the old ones 》.
       S   V   C

しかし，新しいバイオリンは《やはり》（古いものほど）よい音が出ない。

> ● 〈sound＋形容詞〉は「…な音がする」という意味の重要表現。
> ● not as[so] ... as ～は「～ほどは…でない」という意味の重要構文。

                           ——that が省略
㉞ Some scientists think 【 the secret may be the varnish 】.
      S   V   O   S'   V'   C'

【秘密はニスかもしれない】と考える科学者たちもいる。

> ● think の直後には名詞節を作る接続詞の that が省略されている。

㉟ Varnish covers ⌈the wood⌉ 《 of the violin 》.
    S   V   O

ニスは《バイオリンの》⌈木⌉を覆う。

㊱ The wood looks shiny 《 with the varnish 》.
    S   V   C

木は《ニスで》光って見える。

> ● 〈look＋形容詞〉は「…に見える」という意味の重要表現。

㊲ It 〔 also 〕 helps the sound 《 of the instrument 》.
　　S　　　　　V　　O

それが《また》《この楽器の》音 を助けている。

● it という代名詞は varnish という名詞を指して使われている。

㊳ No one knows 【 what the Italian violin makers used 〔 in their varnish 〕 】.
　　S　　V　　O　　　　　　　　　　　　　　　　　S′　　V′

【イタリアのバイオリン製作者が《ニスに》何を使っていたか】は誰も知らない。

● what のような疑問詞の直後に主語と述語を置き，名詞節として使うことができる。
　この文では what 以下の名詞節が，他動詞 knows の目的語になっている。

だから
㊴ So no one can make the same varnish 〔 today 〕.
　　S　　　V　　　　O

だから《今日》同じニスを誰も作ることができない。

● 文頭の So は「だから，そして」という意味の順接のつなぎ言葉。

● 語 句

☐ exactly　　　　　副 正確に
☐ not as[so] ... as ~　構 ~ほどは…で
　　　　　　　　　　　　　ない
☐ varnish　　　　　名 ニス

☐ cover　　　　　動 覆う
☐ look C　　　　　動 …に見える
☐ shiny　　　　　形 光って

159

PARAGRAPH 6

◎トピック

質の高いバイオリンの希少価値。

㊵ There <u>may never be</u> <u>other violins</u> 《 like <u>the violins</u> 〈 of Cremona 〉》.
             V   S

《〈クレモナの〉 バイオリン のような》 他のバイオリン は，決してないかもしれない。

- 〈there＋be 動詞＋名詞〉という形は存在を表し，「～がある，いる」という意味で使われる。
- like は前置詞で「～のような」という意味で使われている。

㊶ <u>Their secret</u> <u>may be</u> <u>lost</u> (forever).
      S   V   C

その秘密は（永久に）わからないかもしれない。

- may という助動詞の直後には動詞の原形が置かれる。ここでは be 動詞の原形の be が置かれている。
- この lost は「失われた」という意味の形容詞。

㊷ <u>Young musicians</u> (today) <u>hope</u> 【 this is not true 】.
      S   V O S′ V′   C′

（今日）若い音楽家たちは【これが真実でないこと】を望んでいる。

- hope の直後には名詞節を作る接続詞の that が省略されている。

㊸ <u>They</u> <u>need</u> <u>fine violins</u>.
    S   V   O

彼らはすばらしいバイオリンを必要としている。

- They という代名詞は，前文の Young musicians を指して使われている。

㊹ But there aren't │very many│ 《 of │the old violins│ 〈 left 〉》.
  V   S

しかし《〈残された〉│古いバイオリン│》は│あまり多くのもの│は存在しない。

- left という過去分詞形は形容詞の働きをし，直前の violins を修飾している。このように 1 語の分詞でもまれに名詞を後ろから修飾する場合がある。
- ここでの many は「多くのもの」という意味の名詞。〈many of the＋複数名詞〉で，「（～のうちの）多くのもの」という意味を表している。

㊺ (Also), the old violins are very expensive.
       S   V   C

（また），古いバイオリンは大変高価である。

㊻ (Recently), a famous old Italian violin was sold (for about $300,000)!
                S   V

（最近），有名な古いイタリアのバイオリンが（約 30 万ドルで）売られた！

- for という前置詞は「交換」や「代価」を表して使うこともできる。

語 句

☐ lost　　　形 失われた
☐ forever　 副 永久に
☐ hope　　 動 願う
☐ need　　 動 必要とする

☐ very ...　 副 （否定文で）あまり…
　　　　　　　（ない）
☐ expensive 形 高価な
☐ recently　 副 最近
☐ famous　 形 有名な

速読トレーニング

❶ Most musicians agree / that the best violins / were first made / in Italy.
大多数の音楽家は同意する / 最高のバイオリンは / 最初に作られたと / イタリアで

They were made / in Cremona, Italy, / about 200 years ago.
それらは作られた / イタリアのクレモナで / 約200年前に

These violins sound better / than any others. / They even sound better
これらのバイオリンはすばらしい音がする / 他のどんなものよりも / それらはよい音さえする

than violins made / today. / Violin makers / and scientists
作られたバイオリンよりも / 今日 / バイオリン製作者たち / そして科学者たちは

try to make instruments / like the Italian violins. / But they aren't the same.
楽器を作ろうとする / イタリアのバイオリンのような / しかしそれらは同じものではない

Musicians still prefer / the old ones. / Why are these old Italian violins
音楽家はいまだに好む / 古いもののほうを / なぜこれらの古いイタリアのバイオリンは

so special? / No one really knows. / But many people think
それほど特別なのだろうか / 誰もよくは知らない / しかし多くの人々は考えている

they have an answer.
自分たちは答えを持っていると

❷ Some people think / it is the age / of the violins. / They say
ある人々は考える / それは年数であると / バイオリンの / 彼らは言う

that today's violins / will also sound wonderful / someday.
今日のバイオリンは / またすばらしい音を出すだろうと / いつか

But there is a problem / here. / Not all old violins / sound wonderful.
しかし問題がある / ここに / 必ずしもすべての古いバイオリンが / すばらしい音を出すとは限らない

Only the old violins / from Cremona / are special. / So
古いバイオリンだけが / クレモナ産の / 特別である / そこで

age cannot be the answer. / There must be something different
年数は答えになりえない / 何か異なるものがあるに違いない

about Cremona / or those Italian violin makers.
クレモナについて / あるいはイタリアのバイオリン製作者に

❸ Other people think / the secret / to those violins / is the wood.
他の人々は考える / 秘密は / それらのバイオリンの / 木材であると

The wood of the violin / is very important. / It must be
バイオリンの木は / 大変重要である / それは違いない

from certain kinds of trees. / It must not be / too young / or too old.
特定の種類の木のものに / それはだめである / 新しすぎても / また古すぎても

Perhaps / the violin makers / of Cremona / knew something special
もしかすると / バイオリン製作者は / クレモナの / 何か特別なことを知っていた

about wood / for violins.
木について / バイオリン用の

❹ But the kind of wood / may not be so important.
しかし木の種類は / それほど重要ではないかもしれない

It may be more important / to cut the wood / in a special way. /
もっと重要かもしれない　　　木を切ることは　　　　特殊な方法で

Wood for a violin / must be cut / very carefully. / It has to be /
バイオリン用の木は　　切られなければならない　　大変慎重に　　それはあるべきだ

the right size / and shape. / The smallest difference / will change /
正確な寸法　　そして正確な形で　　最も小さな違いでさえも　　変えるだろう

the sound of the violin. / Musicians sometimes think / that this was the secret /
バイオリンの音を　　　　音楽家は時には考える　　　これは秘密であったと

of the Italians. / Maybe / they understood more / than we do /
イタリア人の　　たぶん　　彼らはもっと理解していた　　私たちよりも

about how to cut / the wood. /
切り方について　　木の

⑤ Size and shape / may not be the answer / either. / Scientists measured /
寸法と形は　　答えにならないかもしれない　　どちらも　　科学者たちは測定した

these old violins / very carefully. / They can make new ones /
これらの古いバイオリンを　　大変慎重に　　彼らは新しいものを作ることができる

that are exactly the same size / and shape. / But the new violins /
正確に同じ寸法の　　そして同じ形の　　しかし新しいバイオリンは

still do not sound / as good as the old ones. / Some scientists think /
やはり音が出ない　　古いものと同じようによい　　ある科学者たちは考える

the secret / may be the varnish. / Varnish covers / the wood of the violin. /
秘密は　　ニスかもしれないと　　ニスは覆う　　バイオリンの木を

The wood looks shiny / with the varnish. / It also helps /
木は光って見える　　ニスで　　それがまた助けている

the sound of the instrument. / No one knows /
この楽器の音を　　誰も知らない

what the Italian violin makers used / in their varnish. / So no one can make /
イタリアのバイオリン製作者が何を使っていたかを　　ニスに　　だから誰も作れない

the same varnish / today. /
同じニスを　　今日

⑥ There may never be / other violins / like the violins of Cremona. /
決してないかもしれない　　他のバイオリンは　　クレモナのバイオリンのような

Their secret / may be lost / forever. / Young musicians / today / hope /
その秘密は　　わからないかもしれない　　永久に　　若い音楽家たちは　　今日　　望む

this is not true. / They need / fine violins. / But there aren't /
これが実ではないことを　　彼らは必要としている　　すばらしいバイオリンを　　しかし存在しない

very many of the old violins / left. / Also, / the old violins /
古いバイオリンの非常に多くは　　残って　　また　　古いバイオリンは

are very expensive. / Recently, / a famous old Italian violin / was sold /
大変高価である　　最近　　有名な古いイタリアのバイオリンが　　売られた

for about \$300,000! /
約30万ドルで

音読達成シート | 日本語付 | 1 | 2 | 3 | 4 | 5 | 英語のみ | 1 | 2 | 3 | 4 | 5

163

UNIT 12

■解答■

1	(1)	ニ	(2)	ハ	(3)	イ
	(5)	ロ	(8)	ハ		

2	has made old people healthier than

3	仕事から感じていた誇りを失い，仕事関係の友人との交流がなくなってしまうので。(38字)

4	今世紀の初め以来，世の中が急速に変化してきたので，老人が若者の問題を理解するのは困難である。

5	a	far	b	busy

[解説]

(1)　下線部の訳は「郵便配達人が1人で住んでいる80歳の男性が死んでいるのを発見した」となる。これと同じ意味なのはニのみ。

◆選択肢の和訳
×イ　1人で住んでいる郵便配達人が80歳の男性が死んでいるのを発見した。
×ロ　80年前に死んだ男性の死体が郵便配達人によって発見された。
×ハ　1人で住んでいる80歳の男性を発見した後に，郵便配達人は死んだ。
○ニ　80歳の男性が死んで横たわっていた。郵便配達人がその死体を発見した。

(2)　下線部の訳は「このような話を聞くと，私たちは高齢者の悲しく恐しい姿を想像する」となる。これと意味が合致するのはハのみ。

◆選択肢の和訳
×イ　襲われた人々の写真が新聞でもテレビでも公表される。
×ロ　人々はニュースについて，新聞よりもむしろテレビを通じて知りたがる。
○ハ　私たちがそのような話を聞くとき，私たちは今日の老人たちはとても不幸せだと感じる。
×ニ　老人たちはこのような話を聞いて悲しみ，おびえる。

(3)　下線部は部分否定の構文で，「すべての変化が悪いものではない」という意味になる。これに合致するのはイのみ。

◆選択肢の和訳
○イ　悪い変化でない変化もある
×ロ　すべての変化は老人たちにとってよいものである
×ハ　老人たちにとって悪い変化は何もない
×ニ　1つだけではなく，多くの変化が悪いものである

(5)　下線部の意味は「年金の助けにより，老人たちには現在十分な食べ物と着る服がある」となる。これに意味が合致するのはロのみ。

◆選択肢の和訳
×イ　老人はほとんどお金を持っていないので，彼らは快適な生活ができない
○ロ　今日の老人たちは飢え死にしてしまうほど貧しくはない
×ハ　老人たちは，彼らに支払われる少額の年金では人生を楽しむことはできない
×ニ　今日の老人は，両親や祖父母よりもはるかに大きな金銭問題を抱えている

(8) 下線部の意味は「彼ら（老人たち）が子どもだった頃には存在していなかったものが，現在の世界にはたくさんある」となるが，これに合致するのはハのみ。

◆選択肢の和訳
　×イ　80年前には今日より多くのものがあった。
　×ロ　今日ほど多くのものが存在しなかった時代には，子どもの数は，はるかに少なかった。
　○ハ　今日の人々は，老人たちが若かった頃には知らなかった非常に多くの物事を楽しんでいる。
　×ニ　今日私たちが住んでいる世界は，80歳の人々が子どもだった頃に知っていた世界とまったく同じである。

2　[ ]内の語の has に注目する。〈have＋過去分詞形〉は，現在までの「完了」「経験」「継続」を表す現在完了形。この文では「……してしまった」という現在までの完了を表している。単数形の主語に合わせて，have ではなく，has が使われている。また，make という動詞は，第5文型の make ＯＣ の形で，「ＯをＣにする」という意味で使われる。ここでは，make は過去分詞形の made にしなければならない。また，直後に「よりも」という意味の than があるので，healthy は比較級の healthier にしなければならない。

3　直前の文に，「仕事をすることで得られる大事なこと」と書かれている。新しい生活を始めるのが困難なのはこのような「大事なこと」を失うせいだ，と考え，この部分を抜き出して理由として書けばよい。解答の末尾は「ので」で止めるように注意する。

4　so ... that Ｓ Ｖ は「非常に…なのでＳはＶする」という意味の重要構文。まず，この構文を発見し，骨格を見抜くことが重要。has changed は現在完了形。ここは「（今まで）ずっと……である」という継続を表す。it is ... for ～ to Ｖ「～にとってＶするのは…だ」という形式主語構文が後半のポイントとなる。

5 この文の骨格となる either A or B は,「A か B かどちらか」という意味になる。第 3 パラグラフでは「子どもたちが別の地域へ引っ越す」と述べられているので, far away from ～「～から遠く離れて」という熟語を使って(a)の空所を埋め, また同じ第 3 パラグラフの「仕事で時間がない」という表現から, busy という形容詞を使って(b)の空所を埋めるとよい。

◆問題文の和訳

彼らの子どもたちは彼らから 遠く 離れて住んでいるか, 忙し すぎて彼らと過ごす時間があまりないかどちらかである。

PARAGRAPH 1

◎トピック

老年期は無意味な時期なのか？

① "An old woman was attacked （ by five boys ）!" says a newspaper.
　　　　S　　　　　V　　　　　　　　　　　　　V　　　S

「老婦人が《5 人の少年たちに》襲われた」と新聞に書いてある。

● " 　　 "という引用部分の直後では，V と S が逆転することがある。

② "The postman found |an eighty-year-old man| 〈 living alone 〉 dead," reads
　　　　S　　　　　V　　　　　　O　　　　　　　　　　　　　　　C　　　V

the newsman （ on TV ）.
　　S

「〈1 人で住んでいる〉|80 歳の男性| が亡くなっているのを郵便配達員が発見した」とニュー
ス・キャスターは《テレビで》読む。

● find は，find O C という形で使われると，「O が C だと発見する」という意味に
なる。
● " 　　 "（引用符）はセリフをそのまま抜き出す場合に使われる。

③ |Stories| 《 like these 》 give us |a sad, frightening picture| 〈 of old people 〉.
　　S　　　　　　　　　　　　　V　O　　　　　O
　　　　　　　　　　　　　　　　　(A)　　　(B)

《これらのような》|話| は，私たちに，〈高齢者の〉|悲しく恐ろしい姿| を想像させる。

● like は前置詞で「～のような」という意味で使われている。
● give という動詞は目的語を 2 つ取ることができ，give A B という形で「A に B
を与える」という意味になる。

④ We hear and read about the lonely ones, the poor, sick and helpless ones.
　　S　V①　　　V②　　　　　　　　　　①　　　　　　　　　　　　②

私たちは孤独な高齢者たち，貧しい高齢者たち，病気だったり身よりのない高齢者たちにつ
いて，聞いたり読んだりする。

168

⑤ Does　this（ all ）mean 〖 youth　has　everything,（ while　old　age　has
　　　　S　　　　　　V　　　O　　S′　V′　　O′　　　　　　　　　　S′　V′

┌─that が省略

nothing ）〗？
　O′

このことは（すべて），〖（高齢者が何も持っていない一方で），若者は何もかも持っていると
いうこと〗を意味するのだろうか。

● mean の直後には，「S が V するということ」という意味の名詞節を作る接続詞の
that が省略されている。
● while という接続詞は while S V という形で，「S が V する一方で」という意味で
使うことができる。

PARAGRAPH 2

◎トピック

近年における老人にとってのよい変化。

⑥（ Certainly ）, times　are changing（ for the old ）.
　　　　　　　　 S　　　 V　　　　　　　　　高齢者

（確かに）（高齢者にとって）時代は変化している。

●〈the＋形容詞〉は「…な人々」という意味で使うことができる。

語句

☐ attack	動 襲う	☐ poor	形 貧しい
☐ postman	名 郵便配達人	☐ sick	形 病気の
☐ dead	形 死んでいる	☐ helpless	形 身よりのない
☐ newsman	名 ニュース・キャ	☐ mean	動 意味する
	スター	☐ youth	名 若者
☐ sad	形 悲しい	☐ while S V	構 S が V する一方
☐ frightening	形 恐ろしい		で
☐ picture	名 姿	☐ certainly	副 確かに
☐ lonely	形 孤独な		

⑦ But not all the changes are bad ones.
               S   V   C

しかしすべての変化が悪いというわけではない。

- not all ～ は部分否定の構文で,「すべての～が……というわけではない」という意味で使われている。
- ones は複数形の名詞の反復を避けるときに使う代名詞で, ここでは changes の反復を避けて使われている。

⑧ Modern medicine, **(** for example **)**, has made old people healthier (than
         S   V   O   C

ever before).

(例えば), 現代医学は（かつてないほど）高齢者を健康にした。

- make は make O C という形で,「O を C にする」という意味で使われている。

⑨ Many can (now) look after themselves **(** until they are eighty or even
     S   V   O   S′   V′ C′①

ninety years old **)**.
    C′②

多くの人たちが（今では）,**(** 80 歳あるいは 90 歳までも**)** 自分のことは自分でできる。

- until はある時点までの継続を表し, until S V という形で「S が V するまで（ずっと……)」という意味の副詞節を作ることができる。
- ここでの many は,「多くの人たち」という意味の名詞。

⑩ **(** Besides **)**, there are many more old people (than there used to be).
                         V   S   V′

(その上),（以前よりも）ずっと多くの高齢者がいる。

- used to V は過去を現在と対比する場合に使われる,「かつて V した」という意味の助動詞表現。
- 〈many more＋可算名詞〉は「……よりはるかに多くの～」という意味の重要表現。

⑪ The average British woman lives 【 till she is seventy-five 】.
　　　　　 S　　　　　　　　 V　　 S′ V′　　 C′

平均的なイギリス人女性は【75 歳まで】生きる。

● till という接続詞は，until と同様に，till S V という形で「S が V するまで（ずっと）」という意味の副詞節を作る。

⑫ The average British man lives 【 till he is seventy 】.
　　　　　 S　　　　　　　 V　　 S′ V′　　 C′

平均的なイギリス人男性は【70 歳まで】生きる。

⑬ This means 【 that old people (often) have a good social life (with the
　 S　 V　 O　　　 S′　　　　　　　　 V′　　　　 O′　　　　

people 〈 of their own generation 〉) 】.

このことは，【高齢者は（しばしば）（〈同世代の〉人々と）よい社会生活を送るということ】を意味する。

● 接続詞 that は，「S が V するということ」という意味の名詞節を作ることができる。

● 語 句

☐ not all ～ 　熟 すべての～が……というわけではない

☐ modern 　形 現代の

☐ medicine 　名 医学

☐ for example 　熟 例えば

☐ make O C 　動 O を C にする

☐ healthy 　形 健康な

☐ than ever before 　熟 かつてないほど

☐ look after ～ 　熟 ～の世話をする

☐ until S V [till S V] 　構 S が V するまで

☐ besides 　副 その上

☐ used to V 　助 以前は V だった

☐ average 　形 平均的な

☐ social 　形 社会の

☐ generation 　名 世代

⑭ Old people, 〘 too 〙, have more money （ now ）〘 than their own parents
　　 S　　　　　　　　 V　　 O　　　　　　　　　　　　　　　　 S'①

and grandparents had 〙.
　　 S'②　　　 V'

高齢者は〘また〙,〘彼らの両親や祖父母が持っていたよりも〙,（今は）もっとお金を持っ
ている。

> ● more は much や many の比較級として使う。この文では直後の money は不可
> 算名詞なので，much の比較級だと考える。

⑮ The "old age pension" is small, but 〘 with its help 〙, old people （ now ）
　　　　 S　　　　　　　 V　 C　　　　　　　　　　　　　　　　 S

have enough food 《 to eat 》 and clothes 〈to wear〉.
　 V　　 O①　　　　　　　　　　 O②

「老齢年金」はわずかであるが,〘その援助で〙高齢者は（今),《食べるのに》 十分な食料
や〈着る〉 衣服 を得ている。

> ● its は代名詞。ここでは old age pension を指している。

PARAGRAPH 3

◎トピック

老年期は孤独な時期である。

⑯ The greatest problem 《 of modern life 》 is loneliness.
　　　 S　　　　　　　　　　　　　　　　 V　 C

《現代生活の》 最大の問題 は孤独である。

⑰ Children leave home （ when they grow up ） and many old people live
　 S　　 V　 O　　　　 S'　 V'　　　　　　　 S　　　　 V

（ alone ）.

子どもたちは《成長すると》家を出て，多くの高齢者が（1人で）住んでいる。

⑱ Families are smaller（ these days ）.
　　　S　　V　　C

家族は（近頃）より小規模になっている。

> ● 文脈から，比較級の smaller は，近頃の状況を「過去の状況」と比較していると考
> えられる。

⑲ Fewer old people have brothers and sisters.
　　　　　S　　　　　V　　　O①　　　　O②

高齢者のほとんどに兄弟姉妹がいない。

> ● 文脈から，比較級の fewer は，近頃の状況を「過去の状況」と比較していると考え
> られる。
> ● few は old people のような可算名詞が，「ほとんどない」ときに使う。

⑳（ Perhaps ），an old person's one or two children have moved （ to another
　　　　　　　　　　　　　　　S　　　　　　　　　　　　　　　V
part《 of the country 》）.

（おそらく），高齢者の 1 人あるいは 2 人の子どもは，（《その国の》別の場所 へ）引っ越し
ている。

㉑（ Even when their live (nearby) ）, they have their own work 《 to do 》,
　　　　　　　(= children)
　　　　　　　their live
　　　　　　　S'　V'　　　　　　　　　　　　　S　　V　　　O①
and their own children 《 to look after 》.
　　　　O②

（彼らが（近くに）住んでいるときでさえ），彼らには《すべき》自分の仕事 があり，〈世話
をすべき〉彼ら自身の子ども がいる。

語 句

☐ pension	图 年金	☐ grow up	熟 成長する
☐ clothes	图 衣服	☐ alone	副 1 人で
☐ problem	图 問題	☐ perhaps	副 たぶん
☐ loneliness	图 孤独	☐ nearby	副 近くに

㉒ They don't have much time 《 for their parents 》.
 S   V   O

彼らには《両親のための》十分な時間がない。

> ● for ..... という前置詞句は形容詞の働きをし，直前の time という名詞を修飾している。

㉓ Problems 《 of loneliness 》（ often ）start（ when people stop work ）.
 S   V   S'   V'   O'

《孤独の》問題は（しばしば）（人が仕事をやめたときに）始まる。

㉔【 Going to work 】is,（ for most people ），the most important thing（ in their
 S   V   C

lives ）.

【仕事に行くこと】は，（たいていの人々にとって），（生活の中で）最も重要なこと　である。

> ● Going ..... の部分は動名詞で，この文の主語になっている。

㉕ Work makes people proud（ of themselves ），and（ through work ），they
 S   V   O   C   S

are（ always ）in touch with their friends.
 V

仕事のおかげで人々は（自分に）自信が持てるし，（仕事を通して）友人と（いつも）連絡を取っている。

> ● make は make O C という形で「O を C にする」という意味で使われている。
> ● 代名詞 they は people を指して使われている。

㉖ 〖 When people stop work 《 (men at sixty-five, women at sixty) 》 〗, it is
　　　　　 S′　 V′　 O′　　　　　　　　　　　　　　　　　　　　形式主語　 S　 V

《 often 》 difficult (for them) 【 to start a new life (without their jobs) 】.
　　　　　　 C

《仕事をやめたとき（（男性は65歳，女性は60歳）））,（彼らにとって）【（仕事なしに）新
しい人生を始めること】は《しばしば》難しい。

● it は形式主語で to 以下の名詞的用法の不定詞を指している。

PARAGRAPH 4

◎トピック

急激な世界の変化 ➡ 将来の老人を取り巻く世界はどうなるのか？★ テーマ ★

㉗ The world has changed 《 so fast 》 (since the beginning 《 of this century 》)
　　　 S　　　　 V
　　　　　 形式主語
that it is difficult (for old people) 【 to understand the problems 〈 of young
　　 S′ V′　 C′　　　　　　　　　　　　　 so that 構文
people 〉】.

《《今世紀の》 始め 以来,》世の中は《とても速く》変化してきたので,（高齢者にとって）
【〈若い人たちの〉 問題 を理解すること】は難しい。

● so ... that S V は「非常に…なので S は V する」という意味の重要構文。
● it は形式主語で，to 以下の名詞用法の不定詞を指して使われている。

語句

☐ be proud of ～　　　㊥ ～を誇りに思う　　　☐ century　　　　㊎ 世紀
☐ through　　　　　　 ㊝ ～を通じて　　　　　 ☐ difficult　　　 ㊟ 難しい
☐ be in touch with ～　 ㊥ ～と接触[連絡]　　　☐ understand　　㊙ 理解する
　　　　　　　　　　　　　 している
☐ so ... that S V　　　 ㊞ 非常に…なの
　　　　　　　　　　　　 で S は V する

175

㉘ (When the eighty-year-old people 《 of today 》 were children), there were
　　　　　　　　　　　　S′　　　　　　　　　　　　　　V′　C′　　　　　　V

no planes, radios or TV sets.
　S①　　　S②　　　S③

(《今日の》 80歳の人々 が子どもだったとき), 飛行機やラジオやテレビはなかった。

> ●〈there＋be 動詞＋名詞〉は存在を表す構文で「～がある，いる」という意味で使われている。

㉙ There are many more things (in the world) (today) 《 that were not
　　　　V　　　　S　　　　　　　　　　　　　　　　　　　　　　　　関係代名詞の主格

(there) (in their childhood)》.

(今日) (世の中には), 《《彼らの子ども時代には》 (そこに) なかった》 さらに多くのもの
がある。

> ● that は関係代名詞の主格用法で, things という先行詞を修飾する形容詞節を作っている。

㉚ And the world is changing (even faster) (these days) (than it was fifty
　　　　S　　　　V　　　　　　　　　　　　　　　　　　　　　　　　　S′　V′
　　　　　　　　　　　　　　　　　　　　　　　　　　　　　　changing が省略

years ago).

そして (最近), 世の中は 《50年前よりも》 《ずっと速く》 変化している。

> ● even という副詞は「さらに」という意味で, 比較級を強調する場合にも使われる。
> ● 代名詞の it は, the world を指している。また, was の直後には changing が省略されている。

176

③ <u>You</u> <u>begin</u> to wonder, don't you?
   S   V

あなたは不思議に思い始めていますね。

> ● ....., don't you? は，相手に念押しをする場合に使われる付加疑問文。

③ What will <u>it</u> <u>be</u> like 〔 when <u>today's young people</u> <u>are</u> <u>old</u> 〕?
          S V   S'   V' C'

〔今日の若い人たちが年をとったとき〕，どのようになるのだろうかと。

> ● like は「〜のような」という意味の前置詞。What is 〜 like? は「〜はどのような
> ものか？」という意味の重要表現。

◤ **語 句**

☐ plane   图 飛行機   ☐ like   前 〜のような
☐ childhood 图 子ども時代   ☐ What is 〜 like? 構 〜はどのよう
☐ even   副 さらに   なものか？
☐ wonder   動 不思議に思う

速読トレーニング

① "An old woman / was attacked by five boys!" / says a newspaper. /
「老婦人が　　　　　5人の少年たちに襲われた」　　　　と新聞に書いてある

"The postman found / an eighty-year-old man / living alone / dead," /
「郵便配達員が発見した　　80歳の男性が　　　　1人で住んでいる　亡くなっているのを」

reads the newsman / on TV. / Stories like these / give us /
とニュース・キャスターは読む　テレビで　これらのような話は　私たちにもたらす

a sad, frightening picture / of old people. / We hear and read /
悲しく，恐ろしい光景を　　高齢者の　　私たちは聞いたり読んだりする

about the lonely ones, / the poor, / sick and helpless ones. /
孤独な高齢者たちについて　貧しい高齢者たち　病気だったり身よりのない高齢者たち

Does this all mean / youth has everything, / while old age has nothing? /
このことはすべて意味するのだろうか　若者は何もかも持っていることを　高齢者は何も持っていないという一方で

② Certainly, / times are changing / for the old. / But not all the changes /
確かに　時代は変化している　高齢者にとって　しかし必ずしもすべての変化が

are bad ones. / Modern medicine, / for example, /
悪いというわけではない　現代医学は　例えば

has made old people healthier / than ever before. /
高齢者をより健康にした　かつてないほど

Many can now look after themselves / until they are eighty
多くの人々が今では自分のことは自分でできる　80歳まで

or even ninety years old. / Besides, / there are / many more old people /
あるいは90歳までも　その上　いる　ずっと多くの高齢者が

than there used to be. / The average British woman lives /
以前よりも　平均的なイギリス人女性は生きる

till she is seventy-five. / The average British man lives / till he is seventy. /
75歳まで　平均的なイギリス人男性は生きる　70歳まで

This means / that old people often / have a good social life / with the people /
このことは意味する　高齢者はしばしば　よい社会生活を送るということを　人々と

of their own generation. / Old people, too, / have more money / now /
同世代の　高齢者はまた　もっと金を持っている　今は

than their own parents / and grandparents had. / The "old age pension" /
彼らの両親　また祖父母が持っていたよりも　「老齢年金」は

is small, / but with its help, / old people now have / enough food / to eat /
わずかである　しかしその援助で　高齢者は今，得ている　十分な食料　食べるための

and clothes / to wear. /
そして衣服　着るための

③ The greatest problem / of modern life / is loneliness. /
最大の問題は　現代生活の　孤独である

Children leave home / when they grow up / and many old people /
子どもたちは家を出る　　　　成長すると　　　　　そして多くの高齢者が

live alone. / Families are smaller / these days. / Fewer old people /
1人で住んでいる　　家族はより小さくなっている　　近頃　　　高齢者はより少ない

have brothers and sisters. / Perhaps, / an old person's / one or two children /
兄弟姉妹を持っている　　　　おそらく　　　高齢者の　　　1人あるいは2人の子どもが

have moved / to another part / of the country. / Even when they live /
引っ越した　　　別の場所へ　　　　その国の　　　彼らが住んでいるときでさえ

nearby, / they have their own work / to do, / and their own children /
近くに　　彼らには自分の仕事がある　　するべき　　そして彼ら自身の子どもがいる

to look after. / They don't have much time / for their parents. /
世話をするべき　　彼らには十分な時間がない　　　　両親のための

Problems of loneliness / often start / when people stop work. /
孤独の問題は　　　　しばしば始まる　　人が仕事をやめたときに

Going to work is, / for most people, / the most important thing /
仕事に行くことは　　たいていの人々にとって　　最も重要なことである

in their lives. / Work makes people / proud of themselves, /
生活の中で　　　仕事のおかげで人々は　　自分に自信が持てる

and through work, / they are always in touch / with their friends. /
そして仕事を通して　　いつも連絡を取っている　　友人と

When people stop work / (men at sixty-five, / women at sixty), /
仕事をやめたとき　　　男性は65歳　　女性は60歳

it is often difficult / for them / to start a new life / without their jobs. /
しばしば難しい　　彼らにとって　新しい人生を始めることは　　仕事なしに

4 The world has changed / so fast / since the beginning / of this century /
世の中は変化してきた　　とても速く　　始め以来　　今世紀の

that it is difficult / for old people / to understand the problems /
なので難しい　　　高齢者にとって　　　問題を理解することは

of young people. / When the eighty-year-old people / of today /
若い人たちの　　　　80歳の人々が　　　今日の

were children, / there were no planes, / radios or TV sets. /
子どもだったとき　　飛行機はなかった　　ラジオやテレビも

There are many more things / in the world / today / that were not there /
さらに多くのものがある　　世の中には　今日　そこになかった

in their childhood. / And / the world is changing / even faster / these days /
彼らの子ども時代には　　そして　世の中は変化している　　ずっと速く　　最近

than it was fifty years ago. / You begin to wonder, / don't you? /
50年前よりも　　あなたは不思議に思い始めている　　そうですね

What will it be like / when today's young people / are old? /
どのようになるのだろうかと　　今日の若い人たちが　　年をとったとき

音読達成シート	日本語付	1	2	3	4	5	英語のみ	1	2	3	4	5

音声の使い方

　本書では，皆さんの音読学習をサポートする，**リピートトレーニング用の音声とスピード聴解トレーニング用の音声**を提供しています。この音声をフルに活用することによって，皆さんは将来も役に立つ本格的な読解力を磨くことができます。もちろん，リスニングの学習にもなり，一石二鳥なので，普段の学習には必ずこの音声を用いた学習を取り入れてください。

リピートトレーニング

　本書の**「速読トレーニング」**の英語部分が，スラッシュで分けられたカタマリごとに読まれます。皆さんはその後について，英文を読む練習をしましょう。まずは，本書の「速読トレーニング」のページや，白文のページ（「問題英文と全訳」の頁の英文）を見ながら練習しましょう。

　最終的には，**何も見ずに「手ぶらで」耳だけを使ってリピーティングができるようになるまで，何度も繰り返しましょう。**長文読解ができるようになるコツは，このように同じ英文を繰り返し読み，反射的にすべて理解できるようにしてしまうことです。

スピード聴解トレーニング

　本書の**問題英文がナチュラルスピード**で読まれます。皆さんは白文を見ながら，ナチュラルスピードで読まれた音声が 100 パーセントすらすらと意味がわかるようになるまで，繰り返し聞きましょう。最終的には**「耳だけ」で聴いて 100 パーセントわかるようになる**のが皆さんのゴールです。

　このナチュラルスピードのトラックだけを集めて，メモリープレイヤーなどで繰り返し何度も聞くのもおすすめの学習法です。

音声▶

問題英文と全訳

白文を見ながら音読し，100％スラスラ意味がわかるようになるまで練習しましょう。

音読しながら100％わかるようになったら，音声を聞きながら理解する練習をしましょう。

English is a language which is used by a lot of people all over the world. It is spoken in England, in Canada, in the U.S.A., in Australia, and in New Zealand. It is also spoken in other parts of the world. Only Chinese is spoken by more people.

In some countries many different languages are spoken. In one country people have over ten languages. They speak one language in one part of the country, and in another part of the country they speak another. When two people from different parts of the country meet, they cannot understand each other. They don't know both of the languages. How can people with different native languages understand each other? In such a case English is used.

In another country people buy from some countries and sell to other countries, so they believe it is important for them to learn English. Students must learn two languages, English and their own language, and in a lot of schools almost all the lessons are given in English.

Scientists often meet to talk about things they are studying. They come from different countries. But most of them can read and write in English, so English is very often used as a common language.

English is now the language of many of the world's people. There are different ways of speaking and pronouncing English in different parts of the world. Sometimes even Americans cannot understand British people. English is different from place to place and changes little by little. If you think about your own language, you can understand this.

全 訳

　英語は世界中で多くの人々によって使われている言語である。英語はイギリス，カナダ，アメリカ合衆国，オーストラリア，そしてニュージーランドで話されている。英語は世界のその他の地域でも話されている。中国語だけがもっと多くの人々によって話されている。

　いくつかの国では，多くの異なった言語が話されている。ある国では人々は 10 よりも多くの言語を話す。彼らはその国のある地方で 1 つの言語を話し，その国の別の地方では別の言語を話す。その国の異なる地方出身の 2 人の人が会うと，彼らはお互いを理解できない。彼らはその言語の両方を知っているわけではない。異なる母語を持つ人々は，どのようにしてお互いを理解できるのだろうか。そのような場合，英語が使われる。

　別の国では，人々はある国々から買って別の国々に売っているので，彼らは英語を学ぶことが重要であると信じている。生徒たちは英語と母語という 2 つの言語を学ばなければならず，そして多くの学校では，ほとんどすべての授業が英語で行われている。

　科学者たちは研究していることについて話すためによく会合する。彼らは異なる国々から来る。しかし，彼らの大部分は英語で読み書きができるので，英語は共通語として非常によく使われる。

　英語は今や世界のたくさんの人々の言語である。世界の様々な場所で，英語を話したり発音したりする様々な方法がある。時々，アメリカ人でさえイギリス人の言うことが理解できない。英語は場所によって異なり，少しずつ変化している。もしあなたが母語について考えるなら，このことが理解できるだろう。

UNIT 2

The United States had many famous Presidents. People from other countries know the names Washington, Lincoln, and Kennedy. But there are many Presidents who are not well-known in other parts of the world. Here are some of them.

John Adams was the second President after George Washington. He believed that only people who were "well-born" could be leaders. He thought that leaders had to have a lot of money and a good education. But there were many people who did not think so. And they began to think that a leader should come from "the people." Adams was the first President to live in the White House. It wasn't finished, so the President and his wife had to hang their laundry in the East Room. Today Presidents have important parties in this room. Adams's son, John Quincy Adams, also became President, the country's sixth.

President Jackson had very little education. In fact, he could not read and write well. When important papers came to Jackson, he asked someone about it. If he thought a paper was all right, he wanted to write "all correct" on it. But he didn't know how to spell, so he wrote "ol korekt." After a while, he wrote it as "OK."

There is another story about this word. Van Buren, the 8th President, was born in Kinderhook, New York. Van Buren's friends made a club to help him to become President. They called the club the Old Kinderhook Club, and anyone who worked for Van Buren was called "OK." We don't know which is true, but both stories are interesting.

The 21st President was Chester Alan Arthur. He also worked hard to make his country a better place. Arthur was so honest that it was hard to find anything to complain about. Of course, people always find something. People complained that he made the White House too modern.

William Taft became the twenty-seventh President by winning easily in 1908. Taft was the largest man ever to be President. He once said that the White House was "the lonesomest place in the world." He was a quiet man and a great leader.

184

全 訳

　合衆国には多くの有名な大統領がいた。外国の人々は，ワシントン，リンカーン，そしてケネディという名前を知っている。しかし世界の他の場所ではあまりよく知られていない，多くの大統領がいる。以下に彼らのうちの何人かを挙げる。

　ジョン・アダムズはジョージ・ワシントンの後の2代目の大統領だった。彼は家柄のよい人々だけがリーダーになることができると信じていた。彼はリーダーはたくさんのお金を持ち，よい教育を身につけていなければならないと考えた。しかしそう思わない多くの人々がいた。そして彼らは，リーダーは「民衆」から出るべきであると思い始めた。アダムズはホワイトハウスで生活した最初の大統領だった。それはまだ完成していなかった，それで，大統領と彼の妻は，イースト・ルームに洗濯物をかけなければならなかった。今日，大統領はこの部屋で重要なパーティーを開く。ジョン・クインシー・アダムズというアダムズの息子もまた，その国の6代目の大統領になった。

　ジャクソン大統領は，ほとんど教育を受けなかった。実際，彼はあまり読み書きができなかった。重要な書類がジャクソンの元に来たとき，彼はそれについて誰かに尋ねた。もし彼が，書類には間違いはないと思ったら，彼はそれに「all correct」と書きたかった。しかし彼は綴り方を知らなかった，それで，彼は「ol korekt」と書いた。しばらくして，彼はそれを「OK」と書いた。

　この言葉について別の話がある。8代目の大統領のバン・ビューレンは，ニューヨークのキンダーフックで生まれた。バン・ビューレンの友人は，彼が大統領になることを支援するためにクラブを作った。彼らはそのクラブをオールド・キンダーフック・クラブと呼んでいた，そしてバン・ビューレンのために働く人は誰でも「OK」と呼ばれていた。私たちはどちらが真実なのか知らない，しかし，どちらの話もおもしろい。

　第21代の大統領はチェスター・アラン・アーサーだった。彼もまた自分の国をよりよい場所にするために一生懸命働いた。アーサーはとても正直だったので，不満を言うべき何かを見つけるのは難しかった。もちろん，人々はいつも何かを見つける。人々は彼はホワイトハウスを現代的にしすぎたと不満を言った。

　ウィリアム・タフトは，1908年に簡単に勝利して，27代目の大統領になった。タフトはこれまでの大統領の中で最も大きな男だった。彼はかつて，ホワイトハウスは「世界で最も孤独な場所」であると言った。彼はもの静かな男で，偉大なリーダーだった。

Human beings need food, water, and air, which are necessary for survival. People cannot live without food to eat and oxygen to breathe. When it is cold, they need heat, clothes, and places to live. The environment provides these needs. People use the land and oceans for food. The atmosphere, which is the air around the earth, contains oxygen. Energy for heat comes from petroleum, trees, or the sun.

Hundreds of years ago, the environment supplied food, heat, and housing for everyone. Population was low, and there was little industry. There was enough good land, fresh water, and clean air. However, in the eighteenth century, the Industrial Revolution began in England. The Western world changed from an agricultural world to an industrial world. Many people moved from farms to cities in order to work. Industry grew very quickly.

Since 1850, both the population and industry have increased very rapidly. People need more land, more water, and more resources daily. Industry is changing the environment quickly. Some of these changes are harmful because they disturb the balance of nature. Pollution is a harmful change that disturbs the environment.

There are several kinds of pollution: air, water, and land. Industry causes air pollution. Factories release many chemicals and gases into the air. Gases from cars also cause air pollution, especially in cities. Chemicals in the air cause smog in many large cities such as Tokyo and Los Angeles. It is sometimes dangerous for people to breathe the air in those cities. Chemicals also cause land and water pollution. Factories use many chemicals that go into the land and water nearby. Many different chemicals pollute the water, so people cannot use it. The polluted water kills many plants and animals. Life on earth depends on the environment. There must be enough oxygen in the air. There must be clean water and enough food. Human beings, as well as plants and animals, need these things to survive.

全 訳

　人間には食料，水，そして空気が必要であり，それらは生存するために不可欠である。人々は食べるための食料や呼吸するための酸素なしでは生きられない。寒いとき，人には熱や衣服，そして住む場所が必要である。環境はこれらの必要なものを与えてくれる。人々は食料のために土地や海を利用する。大気は，地球を取り巻いている空気だが，酸素を含んでいる。熱のエネルギーは，石油，木，あるいは太陽から生じる。

　何百年も前に，環境はすべての人に食料，熱，そして住居を与えた。人口は少なく，産業はほとんどなかった。十分ないし土地，新鮮な水，そしてきれいな空気があった。しかしながら，18世紀にイギリスで産業革命が始まった。西洋社会は，農業社会から産業社会へと変わった。多くの人々が働くために農場から都市へ移動した。産業は大変速く発展した。

　1850年以来，人口と産業の両方が大変急速に増大してきた。人々は毎日，より多くの土地，より多くの水，より多くの資源を必要としている。産業は環境を急速に変えている。これらの変化のうちのいくつかは自然のバランスをかき乱すので，有害である。汚染は環境をかき乱す有害な変化である。

　汚染にはいくつかの種類がある。大気，水質，そして土壌だ。産業は大気汚染を引き起こしている。工場は大気中に多くの化学物質やガスを放出している。特に都市では，車から出るガスは大気汚染もまた引き起こす。東京やロサンゼルスのような多くの大都市では，大気中の化学物質はスモッグの原因になっている。人々にとってこれらの都市で空気を吸うことは，時には危険である。化学物質もまた，土壌汚染や水質汚染の原因となる。工場は近くの土壌や水に入り込む多くの化学物質を使用する。多くの異なる化学物質が水を汚染する，それで人々は水が使えない。汚染された水は，多くの植物を枯らし動物を殺す。地球上の生命は環境に依存している。大気中には十分な酸素がなければならない。きれいな水や十分な食料がなければならない。植物や動物だけでなく，人間には生き残るためにこれらのものが必要である。

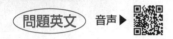

I first heard about Mother Teresa in high school. We watched a video about her work in India and all over the world. Did you know that she was born in a country called Yugoslavia in Europe? After teaching at a girls' school for 16 years in Calcutta, one day God spoke to her. God told her to serve the poorest people in the world. After that day, she worked very hard to help poor people.

I was so moved by her kind heart to help others and endless love for every person, that I, too, wanted to try the kind of work that she was doing. So with two friends I flew to Calcutta.

I was asked to work in a home for sick people who did not have enough money to pay for a hospital. But there was one problem: volunteers come and go so often that they can't really learn a certain job or become close friends with the people. Some people come for a week, others for about six months. So the Catholic sisters working there would not tell us what to do. We had to find work to do by ourselves. I helped to wash clothes and sheets, served lunch, fed the people who were too sick to feed themselves, and tried to make them happier. But I don't think that I was helping very much.

Then suddenly I thought that I was not there because I wanted to help. But I was there to learn about and experience a different culture. I was there just to make myself feel better. I was helping myself more than anyone else. Then I thought it was not good to try to help them. Maybe the sick people don't want your help. I thought that it's better to work together with them. Maybe they can teach you something, too.

Volunteering is a great experience, but you should understand that the people you are helping can teach you something, too.

私は高校時代にマザー・テレサについて初めて聞いた。私たちはインドや世界中での彼女の仕事についてのビデオを見た。あなたは彼女がヨーロッパのユーゴスラビアと呼ばれている国で生まれたことを知っていましたか。カルカッタで16年間女子校で教えた後，ある日神が彼女に話しかけた。神は彼女に，世界で最も貧しい人々のために働くように言った。その日から，彼女は貧しい人々の手助けをするためにとても熱心に働いた。

　私は他人を助ける彼女の親切な心，そしてすべての人に対する無限の愛にとても心を動かされたので，私もまた彼女がしてきたような仕事をやりたかった。それで2人の友だちと一緒にカルカッタへ飛行機で行った。

　私は，ある家で，病院に払うだけの十分なお金を持っていない病気の人々のために働くように頼まれた。しかし1つ問題があった。ボランティアはとても頻繁に出入りするので，彼らは実際にはある1つの仕事を覚えられないし，人々と親しい友人になれない。1週間来る人たちもいれば，6か月間ほど来る人たちもいる。それで，そこで働いているカトリック教会のシスターたちは，私たちに何をしたらいいか言おうとしなかった。私たちは自分でやるべき仕事を見つけなければならなかった。私は衣服やシーツを洗う手伝いをしたり，昼食を出したり，あまりに具合が悪いので自分では食べられない人々に食事を食べさせたりした，そして彼らをもっと幸せにしようとした。しかし私は自分がたくさん手助けしてきたとは思わない。

　そのとき突然，私は手助けをしたいからそこにいるのではないと思った。そうではなく，私は異なる文化について学んだり経験するためにそこにいたのである。私は自分自身をより気分よくするためだけにそこにいたのである。私は他の誰よりもたくさん自分自身を助けてきた。それで私は，彼らを手助けしようとすることはよくないと思った。おそらく病人たちはあなたの手助けを望んでいない。私は，彼らと一緒に働くことがよりよいことだと思った。おそらく彼らはあなたにも大事なことを教えてくれる。

　ボランティア活動はすばらしい経験である，しかし，あなたが手助けをしている人々は，あなたにも大事なことを教えてくれるということをあなたは理解すべきである。

UNIT 5

It was a hot summer day in Chicago. The Kemper family decided it was a good day to go to the Brookfield Zoo. Janet and Kevin Kemper had two children: Thomas, 3, and Sally, 6 months. Thomas loved going to the zoo. He liked watching all the animals, but he especially loved the gorillas.

The Kempers went straight to the gorilla exhibit. There were six adult gorillas and a three-month-old baby gorilla. In the Brookfield Zoo, the animals are not in cages. They are in large areas dug out of the ground. These areas have fences around them so the animals cannot get out and people cannot fall in.

But three-year-old boys are good climbers. While the Kempers were watching the gorillas, little Sally started to cry. Kevin took her from Janet, and Janet looked in her bag for a bottle of juice. In those few seconds, Thomas climbed up the fence.

A woman saw him and shouted, "Stop him!" A tall man reached up to get him, but it was too late. Thomas fell down the other side of the fence. He fell 18 feet onto the hard concrete floor. He lay very still, with blood on his head. Janet and Kevin shouted for help. People crowded around the fence, and someone ran to get a zoo worker.

But before the zoo worker arrived, a gorilla went over to Thomas. It was Binti Jua, an eight-year-old mother gorilla. She had her baby gorilla on her back. With one "arm" she picked up the little boy. She carried him carefully over to a door, walking on three legs. There she put Thomas down so a zoo worker could get him.

Janet and Kevin ran to the door, too. Thomas was badly hurt and had to go to the hospital, but after a few days he was better. The story was on the evening news in Chicago. Some people cheered and others cried when they heard it. But many of them thought about that mother gorilla and asked themselves, "What is she doing in a zoo? What is the difference between a gorilla and me?"

シカゴでは暑い夏の日だった。ケンパー一家はブルックフィールド動物園に行くに
はいい日だと判断した。ジャネット・ケンパーとケビン・ケンパーには3歳になる
トーマスと6か月になるサリーの2人の子どもがいた。トーマスは動物園に行くの
が大好きだった。彼はすべての動物を見るのが好きだったが, 特にゴリラが大好きだっ
た。

　ケンパー一家はゴリラ舎へまっすぐに行った。6匹の大人のゴリラと3か月の赤
ちゃんゴリラが1匹いた。ブルックフィールド動物園では動物たちは檻の中にいない。
動物たちは地面を掘り起こした広い場所にいる。これらの場所にはその周りにフェン
スがある, だから, 動物たちは逃げることができないし, 人々が中に落ちることはな
い。

　しかし3歳の男の子はよじ登るのが上手だ。ケンパー一家がゴリラを見ている間に,
幼いサリーが泣き始めた。ケビンはジャネットから彼女を受け取った, そしてジャネッ
トはジュースの瓶を探してかばんの中を見た。その何秒かの間に, トーマスはフェ
ンスを登っていった。

　ある女性が彼を見て叫んだ,「彼を止めて!」。背の高い男が彼をつかもうと手を上
に伸ばしたが, 遅すぎた。トーマスはフェンスの反対側に落ちた。彼は堅いコンクリ
ートの床の上に18フィート落ちた。彼は頭から出血してまったく動かずに横たわっ
ていた。ジャネットとケビンは助けを求めて叫んだ。人々はフェンスの周りに群がり,
そして誰かが動物園の職員を呼びに走っていった。

　しかし動物園の職員が到着する前に, 1匹のゴリラがトーマスのほうにやって来た。
それは8歳の母ゴリラのビンティ・ホワだった。彼女は背中に赤ちゃんゴリラを乗せ
ていた。片「手」で彼女はその男の子を拾い上げた。彼女は3本の足で歩いて, ドア
のほうへ彼を慎重に運んだ。そこで動物園の職員が彼を受け取ることができるように
彼女はトーマスを下ろした。

　ジャネットとケビンもドアのほうへ走っていった。トーマスはひどくけがをして病
院へ行かなければならなかった, しかし, 数日後, 彼はよくなった。その話はシカゴ
で夕方のニュースに出た。その話を聞いて, 喝采した人もいたし, 泣いた人もいた。
しかし, 彼らのうちの多くはその母ゴリラについて考え, 自問自答した,「彼女は動
物園で何をしているのか。ゴリラと私の間の違いは何か」と。

The telephone, television, radio and telegraph all help people communicate with each other. Because of these devices, ideas, and news of events spread quickly all over the world. For example, within seconds, people can know the results of an election in Japan or Argentina. An international soccer match comes into the home of everyone with a television set.

News of such disasters as an earthquake and a flood can bring help from distant countries. Within hours, help is on the way.

How has this speed of communication changed the world? To many people the world has become smaller. Two hundred years ago, communication between the continents took a long time. All news was carried on ships that took weeks or even months to cross the oceans. In the seventeenth and eighteenth centuries, it took six weeks for news from Europe to reach the Americas. This time difference influenced people's actions. For example, one battle or fight in the War of 1812 between England and the United States could have been avoided.

A peace agreement had already been signed. Peace was made in England, but the news of peace took six weeks to reach America. During this six weeks, the large and serious Battle of New Orleans was fought. Many people lost their lives after the peace treaty had been signed. They would not have died if news had come faster.

The spread of communication means that all people of the world have a new responsibility. People in different countries must try harder to understand each other. An example is that people with different religious beliefs must try to understand each other's beliefs and values even if they do not accept them. Sometimes their cultures are quite different. What one group considers a normal part of life is strange to another culture.

In some cases, a normal part of one culture might be bad or impolite to other people. This kind of difference can cause misunderstanding.

People must learn not to judge others, but to accept them as they are. Then understanding between cultures can be better. Misunderstandings can be avoided.

電話，テレビ，ラジオ，そして電報はみな，人々がお互いに通信するのを手助けしている。これらの方法のおかげで，思想や事件のニュースは世界中にすばやく広まる。たとえば，日本やアルゼンチンでの選挙の結果を，人々は数秒以内に知ることができる。サッカーの国際試合は，テレビがあればすべての人の家で見られる。

　地震や洪水のような災害のニュースは，遠い国々から援助をもたらすことができる。数時間以内に，救援に向かっている。

　通信のこのスピードがどのように世界を変えてきただろうか。多くの人々にとって，世界はより小さくなってきている。200 年前，大陸間の通信には長い時間がかかった。すべてのニュースは，大洋を横断するのに何週間あるいは何か月もかかる船で運ばれた。17 世紀と 18 世紀には，ヨーロッパからのニュースがアメリカ大陸に到着するまでに 6 週間かかった。この時間差は，人々の行動に影響を及ぼした。たとえば，イギリスとアメリカの間の 1812 年戦争における 1 つの戦い，あるいは争いは回避することができただろう。

　和平条約がすでに調印されていた。イギリスで和平が制定された，しかし，その和平のニュースはアメリカに到着するまでに 6 週間かかった。この 6 週間の間に，あの大規模で深刻なニューオーリンズの戦いが行われた。和平条約が調印された後で，多くの人々が命を失った。もしニュースがもっと速く届いていたら，彼らは死ななかっただろう。

　通信の広がりは，世界中のすべての人々が新しい責任を持つということを意味する。異なる国の人々がもっと熱心にお互いを理解しようと努力しなければならない。1 つの例は，異なる宗教信仰を持つ人々が，たとえそれらを認めないとしても，お互いの信仰や価値を理解しようと努めなければならないということである。時には彼らの文化はまったく異なる。1 つのグループが生活の普通の部分であると考えるものが，別の文化には奇妙である。

　場合によっては，1 つの文化の普通の部分が他の人々に対しては悪かったり失礼なことになるかもしれない。この種の違いは誤解を引き起こす可能性がある。

　人々は他人を判断するのではなく，ありのままに受け入れることを学ばなければならない。そのとき，文化間の理解がよりよくなるだろう。誤解は避けられる。

UNIT 7

"Oh, you speak English very well," a member of your American host family tells you. Generally, Americans are very good at making compliments. It is said that in America compliments are like motor oil. They keep American society running smoothly.

American parents praise their children both inside and outside the home. They will proudly tell their friends and neighbors about their son's or daughter's achievements. Compare this to Japan, where parents seldom praise their children in front of other people. Instead, Japanese parents often complain about their youngsters even if they are the best students in their class.

American teachers and professors praise their students frequently both in class and outside of class. "You did an excellent job!" "How smart!" "I'm very proud of you!" "Nice work!" "Well done!" "Perfect ten!" "You hit the nail on the head!" These are some typical expressions teachers use when they want to praise their students. Most American teachers are aware of the importance of building self-esteem and confidence in young people.

In business also, praise and compliments are an important part of communication between management and worker. Employees lose morale when they feel their work isn't valued. As a result, work quality can decrease. Therefore, management training courses stress the importance of giving praise for good work. Workers are more likely to cooperate with a manager who gives praise and encouragement, rather than one who complains.

Of course, praise and compliments must be believable. Insincere praise, also known as flattery, causes discomfort and uncertainty. People wonder why the person is giving empty praise and they become suspicious. They might even lose respect for the person giving the compliment.

Therefore, Americans are particularly mindful about giving appropriate praise and compliments to the people around them. Mark Twain, the great nineteenth century American writer, once said, "I can live for two months on a good compliment."

全 訳

「ああ，あなたはとても上手に英語を話しますね」とアメリカのホストファミリーの１人があなたに言う。一般的に，アメリカ人はほめ言葉を言うことが大変得意である。アメリカでは，ほめ言葉は潤滑油のようなものであると言われている。ほめ言葉はアメリカ社会をスムーズに動かしている。

アメリカ人の親は，家の中でも外でも子どもたちをほめる。彼らは息子や娘の功績について友人や隣人に誇らしげに言うだろう。このことと，他人の前で親がめったに自分の子どもをほめない日本とを比べてみてください。その代わりに，日本の親は，たとえ自分の子どもがクラスで最優秀の生徒であっても，よく自分たちの子どもについて不満を漏らす。

アメリカ人の教師や教授は，授業中でも授業以外でも，ひんぱんに生徒をほめる。「君は大変よくやった！」，「なんて利口なんだ！」「私は君をとても誇りに思う！」，「よくやった！」「上出来だ！」，「満点だ！」，「まさにその通りだ！」。これらは，生徒をほめたいときに教師が使ういくつかの典型的な表現である。ほとんどのアメリカ人教師は，若者たちの中に自尊心や自信を築くことの重要性に気づいている。

ビジネスでもまた，賞賛とほめ言葉は経営者と従業員との間のコミュニケーションの重要な部分である。従業員は自分たちの仕事が尊重されていないと感じると勤労意欲を失う。結果として，仕事の質は低下することがある。それゆえ，経営者養成コースは，いい仕事に対して賞賛を与えることの重要性を強調する。従業員はおそらく，文句を言う経営者よりもむしろ，ほめてくれたり励ましてくれたりする経営者に協力しようとするだろう。

もちろん，賞賛やほめ言葉は信用できるものでなければならない。お世辞としても知られている誠意のない賞賛は，不快感や不安を招く。人々はなぜその人は口先だけの賞賛をするのかと不思議に思い，疑い深くなる。人々はほめ言葉を言う人に対して尊敬すらしなくなるかもしれない。

それゆえ，アメリカ人は，自分の周りの人々に対して適切な賞賛やほめ言葉を言うことについては特に気を配る。19 世紀の偉大なアメリカの作家であるマーク・トウェインは，かつて，「私は 2 か月間はうまいほめ言葉に頼って生きていける」と言った。

問題英文　音声▶

One of the most popular and unique styles of music today is reggae. Reggae started on the Caribbean island of Jamaica in the 1960s. The most popular and most important person in this kind of music is Bob Marley, who is known as the "King of Reggae."

Like most reggae singers, Marley was born into a poor black family in Jamaica. He grew up in a dangerous area. His only dream of success was to become a popular singer. Marley's mother wanted him to spend his life working in a factory, but Bob wanted more for himself. He worked hard at his music and his dream of becoming a famous singer came true.

Life in Jamaica in the 1950s and 1960s, when Marley grew up there, was hard, but his music is full of hope. His best known song is his hit record "One Love," which tells us that all people are one. Marley also believed that the problems of black Jamaicans would come to an end. He was a member of a group of Jamaicans called Rastafarians. They had long hair tied together in "dreadlocks." Like other Rastafarians, Marley believed that one day all black Jamaicans would return to Africa, live in peace and become rich.

Bob Marley's music greatly helped not only Jamaican reggae musicians but also popular musicians around the world. Rock star Eric Clapton had a big hit when he sang Marley's song, "I Shot the Sheriff." Many pop bands, such as the Police, also began to use reggae rhythms in their songs. Because of this, reggae music became more and more popular.

It is too bad that Marley did not have much time to enjoy being famous. Many people did not like Marley because the Jamaican government thought that he and the Rastafarians were dangerous. In 1976, he was almost killed when his home was attacked. Marley was shot in the chest and arm, but he was rushed to the hospital in time to save his life. Later, Marley fell ill and died of cancer in 1981 at the age of 36. Marley's last words to his son Ziggy were "Money can't buy life." Marley died very young but his timeless music continues to be played and loved all over the world.

今日の音楽で最も人気があり，独特なスタイルの音楽の1つはレゲエである。レゲエは1960年代にジャマイカのカリブの島で始まった。この種の音楽で最も人気があり最も重要な人物はボブ・マーリーであり，彼は「レゲエの王様」として知られている。

　大部分のレゲエ歌手と同様に，マーリーはジャマイカの貧しい黒人の家庭に生まれた。彼は物騒な地域で育った。成功という彼の唯一の夢は，人気歌手になることだった。マーリーの母親はボブに工場で働きながら生きてほしかった，しかし，彼は自分のためにもっと多くを望んでいた。彼は熱心に音楽に取り組んだ，そして有名な歌手になるという彼の夢は実現した。

　マーリーがそこで育った1950年代と1960年代のジャマイカでの生活は大変だった，しかし彼の音楽は希望に満ちている。彼の最もよく知られている歌は，彼のヒットレコード『One Love』で，それはすべての人々は1つであると私たちに語っている。マーリーはまた，黒人ジャマイカ人の問題は終わりを告げるだろうと信じていた。彼はラスタファリアンズと呼ばれるジャマイカ人のグループのメンバーだった。彼らは「ドレッドヘア」でまとめて束ねられた長髪をしていた。他のラスタファリアンズ同様，マーリーは，いつかすべての黒人ジャマイカ人がアフリカに帰り，平和に暮らし，金持ちになるだろうと信じていた。

　ボブ・マーリーの音楽は，ジャマイカ人のレゲエミュージシャンだけでなく，世界中のポピュラーミュージシャンにも大いに役立った。ロックスターのエリック・クラプトンは，彼が『I Shot the Sheriff』というマーリーの歌を歌ったとき，大きなヒットを飛ばした。ポリスのような多くのポップスバンドもまた，彼らの歌の中にレゲエのリズムを使い始めた。このために，レゲエ音楽はますます人気が出てきた。

　マーリーには，有名であることを楽しむための時間があまりなかったことはとても気の毒だ。ジャマイカ政府は，彼とラスタファリアンズは危険であると思っていたので，多くの人々はマーリーを好んでいなかった。1976年に彼の家が攻撃されたとき，彼は危うく殺されるところだった。マーリーは胸と腕を撃たれた，しかし，急いで病院に運ばれ，間に合って命が助かった。のちにマーリーは病気になり，そして，1981年に36歳でガンで死んだ。息子ジギーへのマーリーの最後の言葉は「お金で人の命は買えない」だった。マーリーは大変若くして死んだ，しかし彼の時代を超えた音楽は世界中で演奏され続け，愛され続けている。

問題英文　音声▶

There are many big differences between Japanese society and Western society, and one of them is about telling the truth. All Japanese know the expression, 'Lying is sometimes good,' or *Uso mo hoben*. In Western culture people also tell lies, but the reasons for lying are often quite different from the reasons for lying in Japan.

When I was in elementary school in America, my teacher said, "You know George Washington. He was the first U.S. President. When he was a child, he cut down his father's favorite cherry tree. He then went and said to his father, 'I cannot tell a lie. I cut down the cherry tree.' George's father then said that telling the truth was very important."

Teachers in the U.S. told children this story and said, "It is always right to tell the truth." In fact, this is not a true story about George Washington. It's a big lie! But this lie was used for a good reason. Teachers wanted to teach kids to tell the truth. Both Americans and Japanese lie because they don't want to hurt someone else. There are also lies 'for a good reason' and they are called 'white lies.'

Of course, many Americans actually lie in a lot of situations. American children often lie when they want to run away from difficult situations. But they usually think that lying is wrong.

Lies are very common in American society, but even more common in Japan. Serious lies are found all through Japanese culture. People can forgive most of the lies in Japanese society. They do not even call most of these real lies. They just say they are not telling the truth about something. They think telling the truth is not polite when it hurts someone. We can find this idea in Western culture, too, but not as much as in Japan.

There is a Japanese expression, 'You should put a lid on a pot that smells bad.' This is used to show that we should not tell the truth about things that may hurt someone. In this way, you sometimes have to tell a lie.

In Japanese society, people cannot live in harmony if everyone tells the truth about everything. Lying to keep the peace is natural and most people feel that it is another part of Japanese society.

全　訳

　日本社会と西洋社会の間には多くの大きな違いがある，そしてそれらのうちの１つは真実を言うことについてである。日本人は皆，「嘘をつくことは時にはよい」，つまり嘘も方便という表現を知っている。西洋文化においては人々はやはり嘘をつく，しかし嘘をつく理由は，しばしば日本で嘘をつく理由とはまったく異なる。

　私がアメリカで小学校にいたとき，先生が言った。「あなたたちはジョージ・ワシントンを知っていますね。彼は初代の合衆国大統領でした。彼が子どものとき，彼の父が気に入っている桜の木を切り倒しました。それから彼は父の所へ行って，こう言いました『僕は嘘はつけません。僕は桜の木を切り倒しました』。ジョージの父はそのとき，真実を言うことはとても大切なことだと言ったのです」。

　アメリカの先生は子どもたちにこの話をした，そして，「真実を言うことはいつも正しいのです」と言った。実際には，これはジョージ・ワシントンについての本当の話ではない。それは大きな嘘である。しかしこの嘘は，正当な理由があって使われた。先生は子どもたちに真実を話すように教えることを望んだ。アメリカ人も日本人も誰か他の人を傷つけたくないから嘘をつく。「正当な理由あって」の嘘もある，そしてそれらは「白い嘘」と呼ばれる。

　もちろん多くのアメリカ人が，多くの状況で実際に嘘をつく。アメリカの子どもたちは，困難な状況から逃げたいとき，しばしば嘘をつく。しかし彼らはたいてい，嘘は悪いことであると思っている。

　アメリカ社会において嘘は大変一般的である，しかし日本ではさらにもっと一般的である。日本文化の至る所で重大な嘘が見つかる。日本社会では，人々は嘘のほとんどを許すことができる。彼らはこれらの大部分を本当の嘘と呼びさえしない。彼らはただあることについて真実を言っていないと言う。彼らは誰かを傷つけるとき，真実を言うことは失礼であると考える。私たちはこの考えを西洋文化においても見つけることができる，しかし，日本におけるほど多くない。

　「くさいものにはふたをしろ」という日本の表現がある。これは誰かを傷つけるようなことについて真実を言うべきではないということを示すために使われる。このようにして，あなたは時には嘘を言わなければならない。

　日本社会では，もしみんながすべてのことについて真実を言うなら，人々は仲良く暮らせない。平穏を守るために嘘をつくことは自然である，そしてほとんどの人々は，それは日本社会の別の一部分であると感じている。

問題英文　音声▶

Today there is a television set in almost every house. In some countries, you can choose from about forty different channels; some show only a single type of program —news, sports, music, theater or movies; most show different kinds of programs and give the viewer a wide range of entertainment to choose from. In one country, a recent survey showed that the average person spent three and a half hours a day watching television. Housewives were the biggest group of viewers. They spent an average of about five hours a day watching TV while they were taking care of their children.

For families with children, a major problem is getting the children away from the television to do their homework. How then does television affect people's lives?

To find out, an unusual experiment was carried out recently. A group of forty-four families was asked to stop watching television for one month. The families were studied to see how their lives were affected by not being able to watch TV during this period.

Four of the families found that family life simply could not continue without TV, and they gave up the experiment. They said they could find no other way to spend their free time. Among those who successfully kept away from television, several interesting things were reported.

Some parents were glad to end the daily battle among family members to decide what program to watch. In some families, the family went to bed earlier. Family members found other things to do, such as reading or playing volleyball. Many families found that they had more time to talk and play among themselves without television. Dinner time was more relaxed without the pressure of TV. Children's eyesight became better in several cases.

On the other hand, some families said they greatly missed their favorite programs. A father in one family without TV started gambling, and another began to drink heavily. Some children found they had nothing to talk about at school; they no longer could talk about their favorite comedians, singers, or actors. Several mothers found they had less to talk about with their young children.

At the end of the experiment, most of the families wanted to have the television back in their homes. However, they said that in the future they would watch only certain programs, and not allow their lives to be controlled by television.

全　訳

　今日，ほとんどすべての家庭にテレビがある。いくつかの国では，約40の異なる
チャンネルから選ぶことができる。ニュース，スポーツ，音楽，演劇あるいは映画な
ど，たった1つの種類の番組しか見せないチャンネルもあるが，大部分は様々な種類
の番組を見せてくれて，それから選べるような広い範囲の娯楽を視聴者に与えている。
ある国では，最近の調査が平均的な人は1日に3時間半テレビを見て過ごすことを
明らかにした。主婦は視聴者の最大層である。彼女たちは子どもたちの世話をしなが
ら，1日に平均約5時間をテレビを見て過ごす。

　子どものいる家族にとって重要な問題が，宿題をさせるためにテレビから子どもた
ちを引き離すことである。それではテレビはどのように人々の生活に影響を及ぼすの
だろうか。

　調査するために，最近変わった実験が行われた。44組の家族からなる集団が1か
月間テレビを見ることをやめるように依頼された。その家族たちは，この期間テレビ
を見ることができないことによって，彼らの生活がどのような影響を受けるかを調べ
るために調査された。

　その家族のうち4組が家族の生活はテレビなしではまったく続けることができない
と気づき，彼らはその実験をやめた。彼らは暇な時間を過ごす他の方法を見つけるこ
とができないと言った。うまくテレビから離れた人々の中で，いくつかの興味深いこ
とが報告された。

　何人かの親は，どの番組を見るかを決めるという家族の間の毎日の争いが終わって
喜んだ。いくつかの家族では，一家でいつもより早く寝た。家族は，例えば読書やバ
レーボールをするなどのような，するべき他のことを見つけた。多くの家族が，テレ
ビがなくても家族で話したり遊んだりするより多くの時間があることに気づいた。夕
食の時間は，テレビの圧迫感がなくてもっとくつろいだものになった。いくつかのケー
スでは子どもの視力がよくなった。

　一方で，いくつかの家族が大好きな番組を見逃して非常に残念だと言った。テレビ
がないので，ある家族の父親はギャンブルを始めた，そしてまた別の家族の父親はひ
どく酒を飲み始めた。学校で話すことが何もないことに気づいた子どもたちもいた。
彼らはお気に入りのコメディアン，歌手，俳優について，もはや話すことができなかっ
た。何人かの母親は幼い子どもたちと話すことがより少なくなったことに気づいた。

　その実験の終わりに，家族の大部分が彼らの家庭にテレビを戻すことを望んだ。し
かしながら，彼らは将来は特定の番組だけ見るつもりだし，自分たちの生活をテレビ
にコントロールされないようにすると言った。

Most musicians agree that the best violins were first made in Italy. They were made in Cremona, Italy, about 200 years ago. These violins sound better than any others. They even sound better than violins made today. Violin makers and scientists try to make instruments like the Italian violins. But they aren't the same. Musicians still prefer the old ones. Why are these old Italian violins so special? No one really knows. But many people think they have an answer.

Some people think it is the age of the violins. They say that today's violins will also sound wonderful someday. But there is a problem here. Not all old violins sound wonderful. Only the old violins from Cremona are special. So age cannot be the answer. There must be something different about Cremona or those Italian violin makers.

Other people think the secret to those violins is the wood. The wood of the violin is very important. It must be from certain kinds of trees. It must not be too young or too old. Perhaps the violin makers of Cremona knew something special about wood for violins.

But the kind of wood may not be so important. It may be more important to cut the wood in a special way. Wood for a violin must be cut very carefully. It has to be the right size and shape. The smallest difference will change the sound of the violin. Musicians sometimes think that this was the secret of the Italians. Maybe they understood more than we do about how to cut the wood.

Size and shape may not be the answer either. Scientists measured these old violins very carefully. They can make new ones that are exactly the same size and shape. But the new violins still do not sound as good as the old ones. Some scientists think the secret may be the varnish. Varnish covers the wood of the violin. The wood looks shiny with the varnish. It also helps the sound of the instrument. No one knows what the Italian violin makers used in their varnish. So no one can make the same varnish today.

There may never be other violins like the violins of Cremona. Their secret may be lost forever. Young musicians today hope this is not true. They need fine violins. But there aren't very many of the old violins left. Also, the old violins are very expensive. Recently, a famous old Italian violin was sold for about $300,000!

大多数の音楽家は最高のバイオリンはイタリアで最初に作られたことに同意する。それらは約200年前にイタリアのクレモナで作られた。これらのバイオリンは他のどんなものよりもすばらしい音がする。それらは今日作られたバイオリンよりもよい音さえする。バイオリン製作者たち，そして科学者たちは，イタリアのバイオリンのような楽器を作ろうとする。しかしそれらは同じものではない。音楽家はいまだに古いもののほうを好む。なぜこれらの古いイタリアのバイオリンはそれほど特別なのだろうか。誰もよくは知らない。しかし多くの人々は，自分たちは答えを持っていると思っている。

　それはバイオリンの年数であると考える人もいる。今日のバイオリンもまた，いつかすばらしい音を出すだろうと彼らは言う。しかしここで問題がある。すべての古いバイオリンがすばらしい音を出すとは限らない。クレモナ産の古いバイオリンだけが特別である。だから年数は答えになりえない。クレモナあるいはイタリアのバイオリン製作者について何か異なるものがあるに違いない。

　それらのバイオリンの秘密は木材であると考える人もいる。バイオリン用の木は大変重要である。それは特定の種類の木のものに違いない。それは新しすぎても古すぎてもいけない。もしかするとクレモナのバイオリン製作者は，バイオリン用の木について何か特別なことを知っていたかもしれない。

　しかし木の種類はそれほど重要ではないかもしれない。特殊な方法で木を切ることはもっと重要かもしれない。バイオリン用の木は大変慎重に切られなければならない。それは正確な寸法と正確な形でなければならない。最も小さな違いでさえも，バイオリンの音を変えるだろう。音楽家は時には，これはイタリア人の秘密であったと考える。たぶん彼らは，木の切り方について，私たちよりもより多くを理解していた。

　寸法と形はどちらも答えにならないかもしれない。科学者たちはこれらの古いバイオリンを大変慎重に測定した。彼らは正確に同じ寸法で同じ形の新しいものを作ることができる。しかし，新しいバイオリンは，やはり古いものほどよい音が出ない。秘密はニスかもしれないと考える科学者たちもいる。ニスはバイオリンの木を覆う。木はニスで光って見える。それがまた楽器の音を助けている。イタリアのバイオリン製作者がニスに何を使っていたかは誰も知らない。だから，今日同じニスを誰も作ることができない。

　クレモナのバイオリンのような他のバイオリンは決してないかもしれない。その秘密は永久にわからなくなるかもしれない。今日，若い音楽家たちは，これが真実でないことを望んでいる。彼らはすばらしいバイオリンを必要としている。しかし，残された古いバイオリンはあまり多くのものは存在していない。また，古いバイオリンは大変高価である。最近，有名な古いイタリアのバイオリンが約30万ドルで売られた！

"An old woman was attacked by five boys!" says a newspaper. "The postman found an eighty-year-old man living alone dead," reads the newsman on TV. Stories like these give us a sad, frightening picture of old people. We hear and read about the lonely ones, the poor, sick and helpless ones. Does this all mean youth has everything, while old age has nothing?

Certainly, times are changing for the old. But not all the changes are bad ones. Modern medicine, for example, has made old people healthier than ever before. Many can now look after themselves until they are eighty or even ninety years old. Besides, there are many more old people than there used to be. The average British woman lives till she is seventy-five. The average British man lives till he is seventy. This means that old people often have a good social life with the people of their own generation. Old people, too, have more money now than their own parents and grandparents had. The "old age pension" is small, but with its help, old people now have enough food to eat and clothes to wear.

The greatest problem of modern life is loneliness. Children leave home when they grow up and many old people live alone. Families are smaller these days. Fewer old people have brothers and sisters. Perhaps, an old person's one or two children have moved to another part of the country. Even when they live nearby, they have their own work to do, and their own children to look after. They don't have much time for their parents. Problems of loneliness often start when people stop work. Going to work is, for most people, the most important thing in their lives. Work makes people proud of themselves, and through work, they are always in touch with their friends. When people stop work (men at sixty-five, women at sixty), it is often difficult for them to start a new life without their jobs.

The world has changed so fast since the beginning of this century that it is difficult for old people to understand the problems of young people. When the eighty-year-old people of today were children, there were no planes, radios or TV sets. There are many more things in the world today that were not there in their childhood. And the world is changing even faster these days than it was fifty years ago. You begin to wonder, don't you? What will it be like when today's young people are old?

全 訳

　「老婦人が 5 人の少年たちに襲われた」と新聞に書いてある。「1 人で住んでいる 80 歳の男性が亡くなっているのを郵便配達員が発見した」とニュース・キャスターはテレビで読む。これらのような話は，私たちに，高齢者の悲しく恐ろしい姿を想像させる。私たちは孤独な高齢者たち，貧しい高齢者たち，病気だったり身よりのない高齢者たちについて，聞いたり読んだりする。このことは，すべて，高齢者が何も持っていないという一方で，若者は何もかも持っているということを意味するのだろうか。

　確かに，高齢者にとって時代は変化している。しかしすべての変化が悪いというわけではない。例えば，現代医学は，かつてないほど高齢者を健康にした。多くの人たちが，今では，80 歳あるいは 90 歳までも，自分のことは自分でできる。その上，以前よりも，ずっと多くの高齢者がいる。平均的なイギリス人女性は，75 歳まで生きる。平均的なイギリス人男性は，70 歳まで生きる。このことは，高齢者はしばしば同世代の人々とよい社会生活を送るということを意味する。高齢者は，また，その両親や祖父母が持っていたよりも，今はもっとお金を持っている。「老齢年金」はわずかであるが，その援助で，高齢者は今，食べるのに十分な食料や，着る衣服を得ている。

　現代生活の最大の問題は孤独である。子どもたちは成長すると家を出て，多くの高齢者が 1 人で住んでいる。家族は，近頃より小規模になっている。高齢者のほとんどに兄弟姉妹がいない。おそらく，高齢者の 1 人あるいは 2 人の子どもは，その国の別の場所へ引っ越している。彼らが近くに住んでいるときでさえ，彼らにはすべき自分の仕事があり，世話をすべき彼ら自身の子どもがいる。彼らには両親のための十分な時間がない。孤独の問題はしばしば人が仕事をやめたときに始まる。仕事に行くことは，たいていの人々にとって，生活の中で最も重要なことである。仕事のおかげで人々は自分に自信がもてるし，仕事を通して友人といつも連絡を取っている。仕事をやめたとき（男性は 65 歳，女性は 60 歳），彼らにとって仕事なしに新しい人生を始めることはしばしば難しい。

　今世紀の始め以来，世の中はとても速く変化してきたので，高齢者にとって若い人たちの問題を理解することは難しい。今日の 80 歳の人々が子どもだったとき，飛行機やラジオやテレビはなかった。今日，世の中には，彼らの子ども時代にはなかったさらに多くのものがある。そして最近，世の中は 50 年前よりもずっと速く変化している。あなたは不思議に思い始めていますね。今日の若い人たちが年をとったとき，どのようになるのだろうかと。

● 本書の問題英文について ●

「基礎がため」から始めることが成功の秘訣！

　本書で採用している英文は，私立高校や私立大学の入試問題を改編したものが中心になっています。このような高校入試の問題をレベル1「超基礎編」で採用したのは，多くの大学受験生はこのレベルの内容でつまずいていることが多いと，実際に教室で教えていて実感するためです。

　どのような英文が入試で出題されるにしても，「基礎がため」から始めることが成功の秘訣なのです。

■ 出題校一覧

東海大学付属浦安高等学校

東亜大学

明治学院高等学校

城北埼玉高等学校

敬愛大学

鹿児島国際大学

浦和明の星女子高等学校

東京学芸大学付属高等学校

桐朋高等学校

武蔵高等学校

安河内　哲也（やすこうち　てつや）

　上智大学外国語学部英語学科卒業。東進ハイスクール・東進衛星予備校講師。衛星放送を通じ，基礎レベルから難関レベルまで，ていねいでわかりやすい授業で全国の受験生に大人気。特に，英語が苦手な人を超基礎レベルから偏差値60台にまで引き上げる，基礎力養成の講義には定評がある。

　取得資格は国連英検特A級，通訳案内業，TOEIC テストリスニング・リーディング・スピーキング・ライティングすべて満点，韓国語能力試験1級など多数。趣味は乗り物の操縦と映画を観ること。著書は，『英単語フォーミュラ1700』（東進ブックス），『超基礎がため わかる！ 英文法』（旺文社），『英文法ハイパートレーニング』シリーズ（レベル1，2，3）（桐原書店）など。

　東進での担当講座「基礎から偏差値アップ総合英語」，「有名大突破！ 戦略英語解法」，「TOP LEVEL ENGLISH」は難関大への登竜門となっている。

英文校閲: Karl Matsumoto, Jonathan Nacht
執筆協力: 三井雅子，山越友子
編集協力: 佐藤誠司

大学入試　英語長文ハイパートレーニング
レベル1　超基礎編　音声オンライン提供版

2004年8月10日	初　版第1刷発行
2008年4月10日	新装版第1刷発行
2020年6月15日	新々装版第1刷発行
2024年3月30日	音声オンライン提供版第1刷発行
2024年9月10日	音声オンライン提供版第3刷発行

著　者	安河内　哲也
発行者	門間　正哉
印刷・製本所	TOPPANクロレ株式会社

発行所	株式会社 桐原書店
	〒114-0001東京都北区東十条3-10-36
	TEL 03-5302-7010（販売）
	www.kirihara.co.jp

▶装丁／川野有佐
▶本文レイアウト／小菅和信（ケイ・グローバル・デザイン），新田由起子（ムーブ）
▶造本には十分注意しておりますが，乱丁・落丁本はお取り替えいたします。
Printed in Japan
ISBN978-4-342-20787-7